RÉSUMÉ DU COURS

DE

DROIT CIVIL

EN

TABLEAUX SYNOPTIQUES

DÉDIÉ AUX ÉTUDIANTS DES UNIVERSITÉS BELGES

PAR

A. H. ADAN,

AVOCAT A LA COUR D'APPEL DE BRUXELLES,

RÉPÉTITEUR DE DROIT.

MATIÈRES DES DEUX PREMIERS EXAMENS DE DROIT,

DU DOCTORAT EN SCIENCES POLITIQUES ET ADMINISTRATIVES,

DE LA PREMIÈRE ÉPREUVE DE L'EXAMEN DE CANDIDAT-NOTAIRE,

ET DE L'EXAMEN DE SECRÉTAIRE DE LÉGATION.

BRUXELLES,

BRUYLANT-CHRISTOPHE & Cie, ÉDITEURS,

RUE BLAES, 33.

1885.

RÉSUMÉ DU COURS

DE

DROIT CIVIL

EN

TABLEAUX SYNOPTIQUES

DÉDIÉ AUX ÉTUDIANTS DES UNIVERSITÉS BELGES

PAR

A. H. ADAN,

AVOCAT A LA COUR D'APPEL DE BRUXELLES,

RÉPÉTITEUR DE DROIT.

MATIÈRES DES DEUX PREMIERS EXAMENS DE DROIT,

DU DOCTORAT EN SCIENCES POLITIQUES ET ADMINISTRATIVES,

DE LA PREMIÈRE ÉPREUVE DE L'EXAMEN DE CANDIDAT-NOTAIRE,

ET DE L'EXAMEN DE SECRÉTAIRE DE LÉGATION.

BRUXELLES.

BRUYLANT-CHRISTOPHE & Cie, ÉDITEURS,

RUE BLAES, 33.

—

1885.

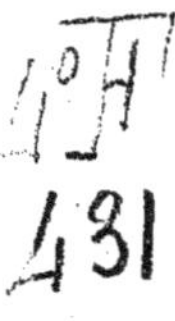

L'utilité de tableaux synoptiques, qui permettent d'embrasser d'un coup d'œil les diverses parties d'une même matière de droit, qui les résument et les groupent sous une forme concise et claire, n'est plus à démontrer.

Les étudiants en droit, auxquels est destiné ce petit ouvrage, y trouveront le moyen de coordonner facilement les leçons de leurs professeurs, de les graver par là plus aisément dans leur esprit, et aussi de revoir en quelques heures, et complètement, toute une partie d'un examen. Tel est le but que j'espère atteindre en publiant cet opuscule.

Le premier fascicule réunit les matières de droit civil exigées pour la candidature et le premier doctorat en droit, et pour la première épreuve de l'examen de candidat-notaire.

A D A N.

Bruxelles, 1885.

LIVRE PREMIER.

TITRE PRÉLIMINAIRE. — Publication, effets et application des lois
(Art. 1 à 6).

Une loi doit être
- *proposée* à l'une des deux chambres (art. 27 Const.);
- *votée* par les deux chambres (art. 26, 27 Const.);
- *sanctionnée* par le roi (art. 69 Const.);
- *promulguée* par le roi (art. 69 Const.; loi 23 déc. 1865);
- *publiée* dans le *Moniteur* (art. 129 Const.; loi 28 fév. 1845).

Obligatoire alors le 10e jour après celui de la publication, sauf délai plus court indiqué.

Autorité de la loi
- Le juge doit appliquer la loi : même à celui qui l'ignore, même si elle est inconstitutionnelle (controv.).
- Les actes contraires à la loi sont nuls : si la loi les frappe de nullité, expressément ou tacitement; si la loi les défend expressément (lois prohibitives); si la loi intéresse l'ordre public et les bonnes mœurs.

Effets des lois

quant au temps
- Les lois n'ont pas d'effet rétroactif, (ne peuvent enlever les droits acquis.)
  - Le législateur n'est pas lié par ce principe;
  - Le juge est lié, excepté en matière : de capacité, de prescription non accomplie, de procédure, pénale, quand la loi nouvelle est plus douce.

quant au lieu
- Les lois de police et de sûreté obligent tous les habitants, excepté les agents diplomatiques (V. Cours de Droit public).
- Les lois relatives à l'état et à la capacité des personnes, suivent : le Belge à l'étranger; l'étranger en Belgique, à moins que l'ordre public ne s'y oppose.
- Les lois relatives aux biens :
  - *meubles* : considérés individuellement, sont de statut réel; formant une universalité, sont de statut personnel (controv.);
  - *immeubles,* sont toujours de statut réel, même en cas de succession (controv.).
- Les lois applicables aux obligations sont celles du pays où l'obligation doit être exécutée.
- Les lois concernant la forme des actes sont celles du pays où l'acte a été passé.

Application des lois
- Les juges ne peuvent refuser de juger, sous prétexte de silence, d'obscurité ou d'insuffisance de la loi, à peine de déni de justice (258 P.);
- Les juges ne peuvent prononcer par voie de disposition générale et réglementaire.

Interprétation des lois
- doctrinale :
  - émanée des jurisconsultes ou des tribunaux : grammaticale, logique;
  - aucune force obligatoire — autorité morale;
- authentique, émanée du législateur (loi 7 juillet 1865) :
  - après 2e arrêt de cassation, toutes chambres réunies, conforme au 1er arrêt, la 3e cour d'appel doit se conformer à la décision de la cour de cassation;
  - la loi interprétative est facultative, et a un effet rétroactif au jour de la publication de la loi interprétée, sauf pour les décisions rendues.

LIVRE PREMIER. — DES PERSONNES.

TITRE I. — Jouissance et Privation des Droits civils (Art. 7 à 33).

Personnes
- *physiques* (hommes, femmes, enfants)
  - capables, ou aptes à exercer leurs droits politiques ;
  - incapables, dont les droits sont exercés en leur nom par un tiers.
- *morales* ou *civiles* (collections d'individus reconnues par la loi)
  - Corps politiques (Etat, provinces, communes) ;
  - Etablissements d'utilité publique (hospices, etc.) ;
  - Sociétés commerciales (loi 18 mai 1873, art. 2).

CHAPITRE I. — *Jouissance des Droits civils* (Art. 7 à 16).

Droits
- *naturels*, appartenant à tous les hommes ;
- *politiques*, concernant la participation à l'exercice de la puissance publique ;
- *publics*, concernant les facultés garanties aux individus vis-à-vis de l'Etat par la Constitution ;
- *civils*, concernant la capacité de jouir et d'exercer des droits privés.

La Jouissance des droits civils, indépendamment des droits politiques,

est l'aptitude à posséder les droits civils ;

appartient

aux Belges

par la *naissance*
- enfants légitimes
  - nés ou conçus d'un père belge ;
  - nés ou conçus après naturalisation d'un père étranger ;
  - conçus avant la perte de la qualité de Belge par le père.
- enfants naturels
  - reconnus par un père belge ;
  - reconnus par une mère belge (père inconnu) ;
  - nés en Belgique, de parents légalement inconnus.

par un fait postérieur
- *loi*
  - de plein droit : à l'étrangère qui épouse un Belge ;
  - sur réclamation, avec obligation d'habiter en Belgique
    - à l'enfant né en Belgique d'un étranger, s'il réclame dans l'année de la majorité étrangère (controv.) ;
    - à l'enfant né à l'étranger d'un Belge ayant perdu la qualité de Belge ; il peut réclamer à toute époque ;
  - d'après lois particulières
    - art. 8 de la loi fondam. du 24 août 1815 ;
    - art. 133 de la Constitution belge : étrangers domiciliés avant le 1er janvier 1814 ;
    - lois des 27 septembre 1835 et 6 août 1881 ;
    - loi du 22 septembre 1835 ;
    - lois des 4 juin 1839 et 1er juin 1878.
  - *naturalisation* par le pouvoir législatif (loi 6 août 1881)
    - *grande* (assimilant l'étranger au Belge), à celui
      - qui a 25 ans, est marié ou a des enfants, a 10 ans de résidence (parfois 5) ;
      - qui a rendu des services éminents ;
      - qui n'a pas fait la déclaration de l'art. 9 ;
      - qui a 50 ans et 15 ans de résidence ;
      - qui est dans le cas de l'art. 133 Const. ;
      - dont le père s'est fait naturaliser ;
      - (l'enfant mineur doit déclarer son intention dans l'année de sa majorité).
    - *ordinaire* (non tous les droits politiques) à celui qui a
      - 21 ans,
      - 5 ans de résidence.
  - *réunion* d'un pays à la Belgique.

aux étrangers

privilégiés ou domiciliés (autorisation du gouv^t)
- ils ont *tous les droits civils*, sauf le droit d'être témoins dans les actes notariés, tant qu'ils *résident* en Belgique ;
- ils ne jouissent pas des droits politiques ;
- l'autorisation est *révocable*.

ordinaires, résidant sans autorisation
- s'il y a des traités internationaux
  - ils ont tous les droits accordés aux Belges par le pays étranger ;
- s'il n'y a pas de traités, pas même de réciprocité,
  - ils ont tous les *droits civils naturels* (controv.) ;
  - ils n'ont pas les droits purement civils
    - adopter et être adopté,
    - être témoin dans un acte notarié,
    - exiger la caution *judic. solvi* ;
  - ils doivent fournir la caution *judicatum solvi,*
    - excepté s'ils sont défendeurs, en matière commerciale, s'ils ont des immeubles en Belgique, s'ils consignent une somme suffisante, si la caution n'est pas réclamée au début (166 Pr. c.) ;
  - ils peuvent être *expulsés*.

Ceux non résidant peuvent être poursuivis en Belgique (52 et s. loi 25 mars 1876), et ont le droit d'y poursuivre un Belge, moyennant caution.

CHAPITRE II. — *Privation des Droits civils* (Art. 17 à 33).

La privation des droits civils résulte

de la perte de la qualité de Belge

1° par la *naturalisation* en pays étranger (non par dénization);

2° par un *établissement* non commercial en pays étranger, formé sans esprit de retour;

on peut recouvrer la qualité de Belge perdue, en se fixant en Belgique avec l'autorisation du gouvernement;

3° par le *mariage* d'une Belge, même mineure, avec un étranger;

si elle devient veuve, elle peut recouvrer la qualité de Belge, en résidant en Belgique, ou en s'y fixant avec l'autorisation du gouvernement;

4° par la *réunion* d'une partie du territoire belge à un autre État.

d'une condamnation judiciaire

à mort
: interdiction légale, ou incapacité de disposer et d'administrer, jusqu'à l'exécution (20 P.);
interdiction *perpétuelle et obligatoire* des droits politiques et civils (31 P.).

aux travaux forcés
: interdiction légale, pendant la durée de la peine (21 P.);
interdiction *perpétuelle et obligatoire* des droits civils et politiques.

à la reclusion, à la détention perpétuelle ou extraordinaire
: interdiction légale, pendant la durée de la peine (21 P.);
interdiction *facultative* de tout ou partie des droits politiques et civils.

interdiction *facultative* de tout ou partie des droits politiques et civils;

à perpétuité ou pour 10 à 20 ans, à partir du jour où la peine est subie ou prescrite (32, 34 1° P.).

du jour où la condamnation est irrévocable (22, 34 2° P.).

à la détention ordinaire
: interdiction légale, pendant la durée de la peine

quand il y a récidive;

quand il y a concours de plusieurs crimes.

à l'emprisonn[t] correctionnel
: interdiction *facultative* de tout ou partie des droits politiques et civils, pour 5 à 10 ans à partir du jour où la peine est subie ou prescrite (33 P.).

TITRE II. — **Actes de l'État civil** (Art. 34 à 101).

CHAPITRE I. — *Dispositions générales* (Art. 34 à 54 et 99 à 101).

Les actes de l'état civil

sont constatés

— en *Belgique* :

par *bourgmestres* et *échevins*, pour : les actes de naissance, de mariage, de reconnaissance d'enfant naturel, de légitimation, d'adoption, de divorce, de décès ;

par *notaires*, pour les reconnaissances d'enfants naturels ;

par *greffiers* : des justices de paix, pour actes d'émancipation ; des tribunaux civils, pour actes d'interdiction ;

par *quartiers-maîtres*, capitaines-commandants ou intendants, pour les actes concernant les militaires en campagne.

— à l'*étranger* : par les magistrats du pays étranger ; par les agents diplomatiques et les consuls belges.

énoncent : l'année, le jour et l'heure où ils sont reçus ; les prénoms, noms, âge, profession et domicile de tous les comparants ; seulement ce qui doit être déclaré.

sont rédigés en présence : des *comparants* ou déclarants, parties intéressées ou non, en personne ou par mandataires ; des *témoins*, mâles, majeurs, parents ou non, Belges ou étrangers ; de l'*officier de l'état civil*, qui doit en donner lecture aux comparants et aux témoins.

sont signés : par les comparants, par les témoins, } mention est faite de la cause qui les empêche de signer ; par l'officier de l'état civil.

sont inscrits dans des registres : tenus doubles dans chaque commune ; cotés et parafés sur chaque feuille ; où les actes sont insérés : de suite et sans blanc, sans abréviation, rature ni surcharge, avec dates écrites en lettres, avec renvois approuvés ; clos et arrêtés le 31 décembre de chaque année, avec table alphabétique ; publics.

ont leur conservation assurée : par le dépôt, en janvier, de l'un des doubles aux archives de la commune ; de l'autre double au greffe du tribunal civil, avec les pièces jointes. par la défense de les inscrire sur feuilles volantes ; par la surveillance du procureur du roi, qui doit vérifier l'état des registres, dénoncer les contraventions ; par la responsabilité civile des dépositaires des registres ; par les poursuites pour contraventions, délits, crimes, commis dans la rédaction des actes ; la garde et la surveillance des registres.

sont rectifiés, sur la demande des parties intéressées, : par jugement du tribunal civil, le procureur du roi entendu, sauf appel ; par inscription du jugement sur les registres, à sa date, et mention en marge de l'acte rectifié dans les deux doubles ; entre les seules parties appelées.

font preuve, ainsi que les extraits, : jusqu'à *inscription de faux*, pour tout ce que l'officier de l'état civil a vu et entendu ; jusqu'à *preuve contraire*, pour les allégations des déclarants ; jusqu'à *dénégation*, pour les énonciations étrangères au but de l'acte.

Les registres non tenus ou détruits sont suppléés : par la preuve testimoniale ; par les registres et papiers domestiques, émanés des père et mère décédés ; par des présomptions graves, précises et concordantes (1353 C.).

Les officiers de l'état civil sont passibles : de dommages-intérêts, pour défaut de vigilance ; d'une amende de 100 fr. au plus, par le tribunal civil, pour erreurs dans la rédaction des actes ; pour omissions dans la tenue des registres ; de dommages-intérêts et d'amende de 26 à 500 fr., pour absence d'énonciation des consentements ; des actes respectueux, etc. (264 P.) ; d'emprisonnement de 8 jours à 3 mois et d'amende de 50 à 300 fr., pour inscriptions sur feuilles volantes (263 P.) ; d'emprisonnement de 3 mois à un an et d'amende de 50 à 500 fr., pour célébration d'un mariage contre le gré des personnes dont le consentement est requis (265 P.) ; de travaux forcés de 10 à 15 ans, pour faux (194 P.).

CHAPITRE II. — *Dispositions spéciales* (ART. 55 à 62, 77 à 98).

Les actes de naissance

ont pour but de constater : l'existence de l'enfant, l'époque et le lieu de sa naissance, le sexe, les prénoms et la filiation.

doivent être dressés, en présence de deux témoins, dans les 3 jours, sur la déclaration : du père ; des docteurs en médecine, sages-femmes, etc.; des personnes qui ont assisté à l'accouchement ; de la personne chez qui la mère est accouchée ; dans les 10 jours, pour les militaires en campagne.

doivent énoncer : le jour et l'heure, le lieu, le sexe, qui doit être vérifié par l'officier de l'état civil ou un médecin délégué, les prénoms donnés, et pris dans l'histoire ou les calendriers, les prénoms, noms, profession et domicile des père et mère et des témoins.

ne doivent constater que la présentation d'un enfant sans vie, si l'enfant est mort né :

doivent détailler : les vêtements, effets, circonstances de temps et de lieu, l'âge apparent, le sexe, les prénoms donnés, l'autorité à laquelle il est remis, s'il s'agit d'un enfant trouvé.

sont dressés en mer : dans les 24 h. sur les bâtiments de l'Etat, par l'officier d'administration ; sur les bâtiments de commerce, par le capitaine ou le patron ; en présence du père, s'il est présent, et de deux témoins ; deux expéditions déposées, au premier port de relâche, au bureau du commissaire maritime ; ou entre les mains du consul belge ; dont une est envoyée à l'offr de l'état civil du père.

Actes de mariage

Voir le titre du *Mariage*.

pour les militaires en campagne : publications mises, pendant 25 jours, à l'ordre du jour du corps ; expédition de l'acte de mariage envoyée à l'officier de l'état civil de chaque époux.

Les actes de décès

ont pour but de constater le décès d'une personne, et son identité.

doivent être dressés, après vérification du décès par l'officier de l'état civil ou un médecin délégué, sans délai prescrit ; sur la déclaration de deux témoins, parents ou voisins ; de trois témoins, pour les militaires en campagne ; des directeurs des hôpitaux, hospices, etc.; du greffier criminel, en cas d'exécution à mort.

doivent énoncer : les prénoms, nom, âge, profession et domicile du décédé, les prénoms et nom de l'autre époux, les prénoms, noms, âge, profession et domicile des déclarants, et leur parenté, le lieu de naissance du décédé, les prénoms, noms, profession et domicile des père et mère ; non pas le jour et l'heure du décès, malgré l'usage contraire.

TITRE III. — **Domicile** (ART. 102 à 111).

Le domicile est

politique, où l'on exerce les droits politiques et électoraux — identique en Belgique au domicile civil ;

de secours, pour l'indigent ;

civil :

réel, ou *général* : lieu où une personne a son principal établissement (Belge ou étrangère) ; il est changé par le fait joint à l'intention ; — *originaire*, celui du père de l'enfant qui naît ; *acquis*, ou choisi par le majeur.

légal, ou établi par la loi, pour les fonctionnaires nommés à vie et irrévocables ; pour la femme mariée (sauf en cas de séparation de corps); pour le mineur non émancipé ; pour l'interdit ; pour les domestiques et ouvriers travaillant chez autrui.

élu, ou *d'élection* :

volontaire, ou désigné expressément par les parties pour l'exécution d'un acte (révocable de leur consentement), il modifie la compétence des tribunaux.

nécessaire, ordonné par la loi, en cas d'opposition à mariage, en cas d'inscription hypothécaire, en cas de constitution d'avoué, etc.

TITRE IV. — **Absents** (Art. 112 à 143).

Périodes de l'absence

1° Présomption

existe dès qu'il y a des doutes sérieux sur l'existence d'une personne qui a disparu;

est requise
- par les parties intéressées : créanciers et associés, héritiers présomptifs, conjoint, ascendants et descendants, consul belge à l'étranger;
- par le ministère public.

est constatée par le tribunal : s'il y a nécessité d'administrer les biens; si l'absent n'a pas laissé de fondé de pouvoirs.

a pour effet
- de permettre la nomination d'un *administrateur;*
- de faire désigner un *notaire* pour représenter l'absent dans : inventaires, comptes, partages, liquidations;
- de donner à la femme commune le droit d'administrer la communauté;
- de faire transmettre aux autres héritiers, sauf pétition d'hérédité, les successions qui échoient à l'absent;
- de faire prescrire des mesures spéciales pour la surveillance des mineurs.

finit
- par la preuve de l'existence de l'absent;
- par la preuve de son décès;
- par la déclaration d'absence.

2° Déclaration

ne peut être provoquée
- qu'*après* 4 *ans* d'absence, s'il n'y a pas de procureur fondé :
- qu'*après* 10 *ans*, s'il y a un procureur fondé, même si la procuration vient à cesser.

peut être requise
- par héritiers présomptifs, conjoint, légataires universels et particuliers, et donataires par contrat de mariage, appelés à une substitution (1049 C.), et nus propriétaires, ascendant donateur, et donateur avec droit de retour, enfants naturels, Etat, à défaut de parents;
- non par les créanciers, ni par le procureur du roi.

est obtenue
- après requête introductive au président du tribunal de l'absent (859 Pr. c.);
- après rapport du juge sur les motifs de l'absence;
- après enquête contradictoire au domicile et à la résidence;
- après publications au *Moniteur;*
- par jugement rendu un an après celui ordonnant l'enquête, et publié.

a pour effet de permettre
- *l'envoi en possession* provisoire des biens : par les héritiers présomptifs au jour des dernières nouvelles; par les successeurs, donataires et légataires; par le conjoint.
- à l'époux commun : d'*opter* pour la continuation de la communauté, de prendre ou conserver l'administration des biens de l'absent.

3° Envoi en possession définitif

après 30 *ans* d'absence : depuis l'envoi provisoire; depuis l'administration de l'époux commun;

après 100 *ans* depuis la naissance de l'absent.

peut être demandé par toutes les personnes qui ont des droits subordonnés à la condition du décès de l'absent;

L'envoi en possession

provisoire

oblige les envoyés — à leur entrée en fonctions :
- à donner *caution*,
- à faire dresser *inventaire* des meubles et titres,
- à faire *vendre les meubles* désignés par le tribunal, et à faire emploi du prix,
- à faire constater l'état des immeubles (s'ils le veulent);

oblige les envoyés — pendant l'envoi :
- à administrer en bons pères de famille,
- à n'aliéner les meubles qu'avec autorisation de justice,
- à n'aliéner ni hypothéquer les immeubles que pour avantage évident et avec autorisation de justice,
- à représenter l'absent en justice et exercer ses actions,
- à payer ses créanciers jusqu'à concurrence des biens reçus,
- à rendre compte à l'absent qui reparaît, ou à ses héritiers.

donne lieu à l'ouverture
- du testament,
- de tous les droits subordonnés au décès de l'absent.

comprend
- les biens et droits appartenant à l'absent lors des dernières nouvelles;
- les fruits échus depuis — ils doivent être capitalisés;
- non les droits éventuels, par ex. les successions échues depuis;
- (les descendants peuvent représenter l'absent).

donne aux envoyés le droit de retenir
- les $\frac{4}{5}$ des revenus perçus, si l'absent reparaît *avant 15 ans;*
- les $\frac{9}{10}$ " " *après 15 ans;*
- la totalité " " *après 30 ans.*

est empêché par l'époux commun, qui opte pour la continuation de la communauté :
- il administre alors tous les biens propres de l'absent;
- il est soumis aux obligations des envoyés en possession provisoire (sauf à la caution);
- il peut rétracter son option;
- la femme conserve le droit de renoncer à la communauté.

cesse
- par le retour de l'absent, ou par la réception de ses nouvelles;
- par la preuve de son décès;
- par l'option de l'époux commun pour la continuation de la communauté;
- par l'envoi en possession définitif.

définitif

est prononcé par le même tribunal, sans enquête nouvelle obligatoire;

est demandé
- par les héritiers présomptifs aux dernières nouvelles;
- par ceux qui ont des droits subordonnés au décès de l'absent;

a pour effet
- de permettre aux envoyés :
  - de partager les biens, et de prendre tous les revenus;
  - d'aliéner et d'hypothéquer valablement les biens;
  - de demander le rapport et la réduction;
- de décharger les cautions;
- de n'obliger les envoyés à rendre compte :
  - qu'à l'absent qui reparaît;
  - qu'à ses héritiers au jour de son décès prouvé.

ne permet pas à l'époux présent de contracter un 2ᵐᵉ mariage.
- Le deuxième mariage contracté ne peut être annulé;
- le 2ᵐᵉ mariage ne peut être attaqué, que si l'absent reparaît ou donne de ses nouvelles :
  - par l'absent lui-même;
  - par son mandataire, muni de la preuve de son existence;
  - par le ministère public;
  - par les nouveaux époux, et par tous ceux qui y ont intérêt (controv.).

cesse
- quand l'absent *reparaît* :
  - il prend les biens dans l'état où ils se trouvent;
  - il prend le prix des biens vendus, ou ceux acquis en remploi, et ce dont les envoyés se sont enrichis sur les biens donnés.
- quand il donne de ses *nouvelles* — on retombe alors dans la présomption d'absence;
- quand son *décès* est prouvé — ses héritiers les plus proches à cette époque peuvent réclamer ses biens;
- quand surviennent des enfants ou descendants directs de l'absent, qui ont 30 ans, depuis l'envoi définitif, pour réclamer les biens.

Les enfants mineurs

communs
- si la mère est absente, restent sous la puissance paternelle du père;
- quand le père a disparu :
  - sont placés sous la surveillance de la mère, qui exerce la puissance paternelle;
  - si la mère décède avant la déclaration d'absence, sont confiés, après 6 mois, aux ascendants les plus proches, ou à un tuteur provisoire;
  - si la mère décède après la déclaration d'absence, sont placés sous la tutelle dative (controv.).

de l'absent
- sont laissés, pendant les 6 premiers mois, à la famille;
- sont confiés, après 6 mois, par le conseil de famille, aux ascendants les plus proches; à défaut d'ascendant, à un tuteur provisoire.

TITRE V. — **Mariage** (Art. 63 à 76, 144 à 228).

CHAPITRE I. — *Qualités requises pour pouvoir contracter mariage* (Art. 144 à 164).

Le mariage
- est l'*union* entre l'homme et la femme { pour vivre en commun, pour se porter aide mutuelle, pour perpétuer leur espèce ;
- est un *contrat civil*, qui doit précéder la bénédiction nuptiale (16 al. 2 Const.; 267 P.);
- peut être contracté *par toute personne* non déclarée incapable.

Les empêchements au mariage sont

dirimants, formant obstacle à la validité du mariage :

1º défaut d'âge { l'homme doit avoir 18 ans révolus / la femme doit avoir 15 ans révolus } sauf dispenses pour motifs graves.

2º existence d'un premier mariage — peine de la réclusion (391 P.);

3º défaut de consentement valable des époux
- si pas de consentement, pas de mariage ;
- Peuvent consentir valablement : le sourd-muet capable ; le dément, dans intervalle lucide ; le prodigue sous conseil ; l'interdit légal ; l'interdit judiciaire, dans un intervalle lucide (controv.).
- vices du consentement : erreur { sur la personne physique ; sur la personne civile ; non sur les qualités physiques ou morales ; } violence physique ou morale ; (les promesses de mariage n'obligent pas).

4º défaut de consentement des parents (verbal ou authentique) :
- des père et mère { pour le fils de 18 à 25 ans / pour la fille de 15 à 21 ans } légitimes ou reconnus ; en cas de désaccord, le consentement du père suffit ;
- des ascendants, à défaut des père et mère, { des plus proches dans chaque ligne, aïeul et aïeule, (pour le fils de 18 à 25 ans ; pour la fille de 15 à 21 ans ;) en cas de désaccord, celui de l'aïeul suffit ; le dissentiment entre les lignes vaut consentement ;
- du conseil de famille, jusqu'à 21 ans, pour garçons et filles, à défaut d'ascendants ;
- d'un tuteur *ad hoc*, jusqu'à 21 ans, pour enfants naturels non reconnus, ou reconnus et ayant perdu père et mère

5º parenté et alliance
- en ligne directe { entre ascendants et descendants légitimes ou naturels ; non s'il s'agit d'enfants non légalement reconnus.
- en ligne collatérale { entre frères et sœurs légitimes ou naturels, sauf dispenses en cas d'alliance ; parenté (non alliance) (sauf dispenses) { entre oncle et nièce légitimes, tante et neveu, grand-oncle et petite-nièce, grand'tante et petit-neveu.

6º défaut de publicité, ou de compétence personnelle de l'officier de l'état civil, { sauf aux tribunaux à apprécier s'il y a vice de clandestinité ; en cas d'incompétence territoriale, il n'y a pas de mariage.

prohibitifs, formant obstacle à la célébration du mariage :

1º défaut d'actes respectueux à père, mère ou ascendants
- pour les fils { de 25 à 30 ans — trois actes de mois en mois ; après 30 ans — un acte ;
- pour les filles { de 21 à 25 ans — trois actes de mois en mois ; après 25 ans — un acte.

2º dix mois de viduité, pour la femme, depuis la dissolution du mariage.

3º divorce
- les époux divorcés ne peuvent plus se réunir ;
- les époux divorcés par consentement mutuel ne peuvent se remarier que trois ans après ;
- l'époux coupable d'adultère ne peut se marier avec son complice.

4º parenté civile entre
- adoptant, adopté et ses descendants ;
- enfants adoptifs de l'adoptant ;
- adopté et enfants légitimes de l'adoptant ;
- adopté et conjoint de l'adoptant, et réciproquement.

5º défaut de publications { amende pour les parties ou leurs ascendants ; amende de 300 fr. au plus pour l'officier de l'état civil.

6º oppositions : amende de 300 fr. et dommages-intérêts exigés de l'officier de l'état civil ;

7º absence de preuve que l'on a satisfait à la milice ;

8º absence d'autorisation, pour les militaires ;

non l'impuissance, ni l'engagement dans les ordres, ou les vœux (15, 16 Const.).

CHAPITRE II. — *Formalités relatives à la célébration du mariage* (ART. 63 à 65, 70 à 76, 165 à 171).

Formalités du mariage

en Belgique

avant : 2 *publications* (sauf dispense de la 2ᵉ)

faites au domicile — contenant :
- prénoms, noms, profession et domicile des futurs époux ;
- leur qualité de majeurs ou mineurs ;
- prénoms, noms, profession et domicile des père et mère ;
- les jours, lieux, heures où elles ont été faites.

faites au domicile :
- de chacun des futurs époux (74 C.) ;
- réel des époux, si le domicile quant au mariage n'est etabli que par 6 mois de résidence ;
- de ceux sous la puissance desquels sont les futurs.

- inscrites sur un registre *ad hoc ;*
- dont un extrait reste affiché, deux dimanches de suite, à la porte de la maison commune.

le mariage peut être célébré dans l'année qui commence le 3ᵉ jour après la 2ᵉ publication.

pendant :

le mariage doit être célébré
- publiquement,
- dans la maison commune (sauf *in extremis*),
- portes ouvertes,
- par l'officier de l'état civil du domicile de l'une des parties (domicile spécial établi par 6 mois de résidence) (controv.).

il ne peut être célébré qu'en présence
- de l'*officier de l'état civil,*
- des deux *futurs époux* en personne,
- des *parents,* dont le consentement est nécessaire, — en personne, par mandataires, à moins de consentement authentique.
- de *quatre témoins.*

les futurs doivent produire
- actes de naissance,
- acte authentique de consentement,
- procès-verbal d'actes respectueux,
- actes de décès, etc., des parents qui doivent consentir,
- expédition des dispenses,
- mainlevée des oppositions,
- certificat des publications,
- certificat de milice,
- date des conventions matrimoniales.

l'officier de l'état civil doit
- donner *lecture* des pièces, et du chapitre VI du titre V ;
- recevoir la *déclaration* des parties ;
- prononcer leur *union au nom de la loi ;*
- *dresser* et *signer* l'acte, avec les époux, les parents, les témoins.

à l'étranger

avant :
- le Belge ne doit pas contrevenir à la loi belge sur les qualités requises ;
- le mariage doit être précédé des 2 publications en Belgique (empêchement prohibitif) (controv.) ;
- résidence de 6 mois non exigée.

pendant :
- le mariage peut être célébré dans les formes usitées dans le pays étranger ;
- il peut être célébré devant les consuls belges : s'il s'agit d'un mariage entre deux Belges ; si un Belge épouse une étrangère — avec autorisation du ministre des affaires étrangères (loi 20 mai 1882) ; s'il y a publications en Belgique, dans la chancellerie.

après :
- dans les 3 mois du retour en Belgique, transcription du mariage sur les registres du domicile ; — pas de sanction.

CHAPITRE III. — *Oppositions au mariage* (Art. 66 à 69, 172 à 179).

L'opposition au mariage

a pour but de permettre à l'officier de l'état civil de connaître les empêchements existants ;

peut être formée :
- par l'*époux* d'un des futurs, pour empêcher la bigamie ;
- par les *ascendants* : le père, la mère, à défaut du père, l'aïeul, à défaut de père et mère, l'aïeule, à défaut de l'aïeul, les autres ascendants, — sans énoncer de motifs, quel que soit l'âge des futurs ;
- par *certains collatéraux*, à défaut d'ascendants : frère et sœur, oncle et tante, cousin et cousine germains, — à *défaut de consentement* du conseil de famille ; en *cas de démence*, à charge de provoquer l'interdiction ;
- par le *tuteur* ou le *curateur*, autorisés par le conseil de famille ;
- non par le ministère public (controv.) ;
- jusqu'au moment de la célébration.

doit contenir, à peine de nullité :
- la *qualité* de l'opposant ;
- *élection de domicile* dans le lieu de la célébration du mariage ;
- les *motifs* (sauf si elle est faite par un ascendant) ;
- la *signature* de l'huissier, de l'opposant.

doit être signifiée :
- au domicile des deux époux ;
- à l'officier de l'état civil de l'une des communes où le mariage peut être célébré.

a pour effet :
- d'empêcher l'officier de l'état civil de célébrer le mariage avant la mainlevée, sous peine de 300 fr. d'amende et de dommages-intérêts ;
- de ne pouvoir être levée que : par le désistement volontaire ; par un jugement provoqué par l'un des deux époux, sans préliminaire de conciliation ; prononcé dans les 10 jours, (appel prononcé dans les 10 jours de la citation) ;
- de mettre les frais à charge des opposants qui succombent, à moins que le juge ne les compense (131 Pr. c.) ;
- de rendre les opposants qui succombent, sauf les ascendants, passibles de dommages-intérêts.

CHAPITRE IV. — *Nullités et Preuves du mariage* (Art. 180 à 202).

Nullités de mariage :

- **Le mariage est inexistant**
  - si les contractants sont du *même sexe* ; } tous peuvent l'attaquer ;
  - s'il n'y a *pas de consentement* (146 C.) ;
  - si le mariage n'est pas célébré devant un officier de l'état civil ; } l'action est imprescriptible.

- **nullités relatives** (invocables par certaines personnes, dans un certain délai) :
  - défaut de *consentement libre* d'un des époux
    - *erreur* dans la personne } **invocable** : par l'époux victime, par ses héritiers, s'il a intenté l'action ;
    - *violence* } **couvert** : par 6 mois de cohabitation, depuis la cessation de l'erreur ou de la violence ; par ratification expresse ; par 10 ans, si la cohabitation n'a pas duré 6 mois (controv.).
  - défaut de *consentement*
    - des *ascendants* — *invocable* — par celui dont le consentement était requis } pendant 1 an depuis qu'il a eu connaissance du mariage ; excepté s'il l'a approuvé expressément ou tacitement ;
    - de la *famille* — par celui qui avait besoin de consentement } *excepté* : pendant 1 an depuis qu'il a atteint l'âge compétent ; s'il a approuvé expressément ou tacitement ; si les parents ont ratifié le mariage.

- **nullités absolues** (d'ordre public, invocables par toutes personnes intéressées) :
  - *défaut d'âge* — **invocable par** : les époux, les ascendants, sauf s'ils ont consenti, la famille, sauf si elle a consenti, les intéressés, le ministère public ; } **couvert** : quand il s'est écoulé 6 *mois* depuis que l'âge est atteint ; quand la femme, âgée de moins de 15 ans, *a conçu* avant les 6 mois ; non par approbation expresse (controv.).
  - *existence d'un 1er mariage*, *parenté* au degré prohibé, *alliance* au degré prohibé, } même en cas de dispense postérieure — **invocables** : par les époux, le conjoint d'un époux, la famille, les enfants d'un 1er lit, les créanciers, le ministère public, } s'ils ont un intérêt né et actuel, } à toute époque ; sauf la prescription de l'action pécuniaire.
  - *défaut de publicité*, *incompétence* de l'off[r] public,

Effets de l'annulation : le mariage *putatif* produit ses effets civils
- en faveur des enfants } issus du mariage, légitimés, } si l'un des époux était de bonne foi ;
- en faveur du ou des époux de bonne foi au moment de la célébration.

Preuves du mariage :

- **par les *époux***
  - au moyen de la représentation de l'*acte de célébration* inscrit sur les registres de l'état civil ; } acte non annulable, s'il y a possession d'état ;
  - au moyen de *registres et papiers* des père et mère décédés ; } quand les registres de l'état civil ont été *perdus ou détruits* ;
  - au moyen de *témoins* ; } quand il n'a *pas existé* de registres.

- **par les *enfants***
  - au moyen de la représentation d'un acte de célébration, inscrit sur les registres de l'état civil ;
  - au moyen de la possession d'état, en établissant :
    - 1° *possession d'état d'époux* des père et mère ;
    - 2° *décès*, absence ou aliénation des père *et* mère ;
    - 3° *possession d'état d'enfants* légitimes ;
    - 4° *actes de naissance* conformes.

- **par le résultat d'une *procédure pénale***
  - *du vivant* du coupable (sauf prescription)
    - par *action directe* du ministère public devant les tribunaux de répression ;
    - par les *époux*
      - *directement* } devant le tribunal correctionnel ; devant le tribunal civil ;
      - par *plainte* ou dénonciation, en se constituant parties civiles } *devant* : le tribunal correctionnel, pour délits ; la cour d'assises, pour crimes ;
    - par les *autres parties* intéressées } après le décès des époux ; même de leur vivant.
  - *après le décès* du coupable (sauf prescription) } par le *ministère public* seul, au civil, contre les héritiers, } *directement*, en présence des parties intéressées ; *sur plainte* ou dénonciation des parties intéressées.

CHAPITRE V. — *Obligations qui naissent du mariage* (Art. 203 à 211).

Effets du mariage
- légitimité des enfants conçus pendant le mariage ;
- légitimation des enfants, reconnus avant le mariage ou lors de la célébration ;
- puissance paternelle ;
- tutelle légale du survivant ;
- droits de succession entre époux (767 C.) ;
- certains droits relatifs aux biens (1387 et s. C.) ;
- restrictions aux libéralités à titre gratuit (913 et s. C.) ;
- restrictions à la capacité de la femme ;
- obligations relatives aux enfants ;
- droits et devoirs réciproques entre époux.

Obligations des époux relatives aux enfants
- nourriture, entretien, éducation, se changeant en obligation alimentaire, quand les enfants peuvent pourvoir par eux-mêmes à leur subsistance ;
- ni établissement, ni dot.

Obligation alimentaire

entre qui ?
- entre *époux*,
- entre *ascendants* et *descendants*,
- entre *beaux-pères*, *belles-mères* et *gendres*, *belles-filles*, autant que possible d'après l'ordre des successions ;
- non entre frères et sœurs, parâtres, marâtres et enfants du premier lit.

est due
- quand ceux qui peuvent la réclamer sont dans le besoin ;
- proportionnellement aux besoins de celui qui la réclame, à la fortune de celui qui la doit ;
- avec réduction ou augmentation, suivant les circonstances.

n'est ni solidaire, ni indivisible, et ne passe pas aux héritiers (controv.).

est payée
- en argent ;
- en nature par le père ou la mère qui offre d'entretenir son enfant dans sa demeure, si le tribunal dispense alors de payer en argent ;
- par tout autre avec autorisation du tribunal, si l'on justifie ne pouvoir payer.

cesse
- quand le créancier n'est plus dans le besoin ;
- quand le débiteur ne peut plus fournir des aliments ;
- entre gendres et brus vis-à-vis de leurs beaux-parents, et réciproquement, (la belle-mère remariée reste cependant obligée vis-à-vis de ses beaux-enfants).

renaît, quand les circonstances changent ; quand la belle-mère se remarie ; après la mort de l'époux qui produisait l'affinité, et de ses enfants.

CHAPITRE VI. — *Droits et Devoirs respectifs des époux* (Art. 212 à 226).

Droits et devoirs

- **communs** : *fidélité,* *secours* (obligation alimentaire), *assistance* (aide morale et soins affectueux) ;
- **spéciaux** :
  - **du mari** :
    - *protection* à sa femme,
    - obligation de la *recevoir*, sanctionnée : par recours à la force publique, par recours à une pension alimentaire, par le divorce ou la séparation de corps ;
    - obligation de lui *fournir*, d'après ses facultés, ce qui est nécessaire à l'existence.
  - **de la femme** :
    - *obéissance* à son mari,
    - obligation de *cohabitation*, sanctionnée : par refus d'aliments, par dommages-intérêts, par divorce ou séparation de corps, non par recours à la force publique ;
    - obligation de *suivre* son mari, excepté : si le mari { est vagabond, a un domicile inhabitable, exerce une profession honteuse, maltraite sa femme, la prive des choses les plus indispensables ; } si la femme a une maladie grave.

Restrictions à la capacité de la femme

- **fondement** : intérêt de la famille, intérêt de la puissance maritale, nécessité d'assurer l'unité dans l'administration des biens.
- **obligation d'obtenir *l'autorisation du mari*** :
  - **cas où cette autorisation est nécessaire :**
    - pour ester en justice en matière civile ; { que la femme soit demanderesse ou défenderesse ; qu'elle soit marchande publique ou non ; qu'elle soit ou non séparée de biens ; }
    - pour poser les actes les plus importants : donner, aliéner, hypothéquer, acquérir { à titre gratuit, à titre onéreux, } accepter une succession ou une donation ;
    - pour administrer ses biens, sauf convention contraire.
  - **cas où cette autorisation n'est pas nécessaire :**
    - pour ester en justice :
      - quand elle est assignée par le mari ;
      - quand elle est poursuivie en matière { criminelle, correctionnelle, de police, } sauf par la partie lésée ;
      - quand elle demande { le divorce, la séparation de corps, à agir en référé ;
    - pour les actes suivants :
      - tester ;
      - révoquer une donation entre époux ;
      - prendre des mesures conservatoires ;
      - administrer ses biens { si elle s'est réservé cette administration ; si elle est séparée de biens ;
      - être tenue des engagements formés { par la loi, par quasi-contrat, par délit ou quasi-délit ;
      - contracter comme marchande publique ;
      - consentir au mariage de ses enfants ;
      - reconnaître un enfant naturel ;
      - accepter une donation faite à ses enfants (935 al. 3 C.).
  - **cas où cette autorisation peut être remplacée par celle du tribunal :**
    - quand le mari refuse ;
    - quand le mari est { mineur, sauf pour les actes que l'émancipé peut faire lui-même ; absent, ou non présent ; aliéné, ou interdit ;
    - pendant la durée de la peine criminelle à laquelle le mari est condamné.
  - **cas où cette autorisation ne peut être remplacée par celle du tribunal :**
    - pour être marchande publique, sauf si le mari est interdit ou absent (9 Co.) ;
    - elle s'oblige alors et oblige son mari commun pour ce qui concerne son négoce ;
    - pour aliéner un immeuble dotal afin d'établir un enfant commun (1556 C.) ;
    - pour accepter une exécution testamentaire (1029 al. 1 C. ;
    - pour faire un compromis (83 6°, 1004 Pr. c.).
  - **effets de l'autorisation :**
    - la femme { est capable de s'obliger ; est capable de faire tous les actes dépendant de l'acte autorisé ; ne peut plus attaquer pour incapacité l'acte autorisé ;
    - l'autorisation du mari n'oblige le mari que s'il est commun en biens ;
    - l'autorisation de justice n'oblige pas le mari.
  - **effets de l'absence d'autorisation :**
    - les actes posés par la femme sont annulables { par la femme et ses héritiers, par le mari et ses héritiers, par leurs créanciers (1166), non par les tiers contractants ;
    - c'est aux tiers à prouver que l'autorisation a été donnée ;
    - la nullité est couverte { par confirmation du mari ; par confirmation de la femme { autorisée, pendant le mariage ; seule, après la dissolution ; par prescription de 10 ans { pour le mari, du jour où il a connu l'acte ; pour la femme, du jour de la dissolution du mariage.

CHAPITRE VII. — *Dissolution du mariage* (Art. 227, 228).

Le mariage se dissout { par la *mort,* par le *divorce* ; } la femme ne peut se remarier que 10 *mois après* la dissolution.

TITRE VI. — **Divorce et Séparation de corps** (Art. 229 à 311).

CHAPITRE I. — *Causes du divorce* (Art. 229 à 253).

Causes du divorce

- **Cause déterminée**
  - 1. *adultère de la femme,* — elle peut être condamnée à un emprisonnement de 3 mois à 2 ans (387 P.);
  - 2. *adultère du mari*
    - s'il a tenu sa concubine dans la maison commune;
    - il peut être condamné à un empris^t d'un mois à un an;
  - 3. *excès, sévices, injures graves;*
    - non plus aujourd'hui la condamnation à une peine criminelle (controv.).
- **Séparation de corps** ayant duré 3 ans
  - le divorce ne peut être demandé que par le défendeur;
  - non par la femme coupable d'adultère;
  - quand le demandeur ne consent pas à faire cesser la séparation;
  - procédure comme en matière civile ordinaire.
- **Consentement mutuel.**

CHAPITRE II. — *Divorce pour cause déterminée* (Art. 231 à 274).

Procédure du divorce

Les formes substantielles seules sont prescrites à peine de nullité;
la demande est portée au domicile des époux { l'action civile est suspendue par la poursuite criminelle.

- **mesures préliminaires**
  - *requête* au tribunal, du demandeur en personne (avec pièces à l'appui),
    - détaillant les faits;
    - des faits nouveaux ne peuvent plus être proposés,
      - sauf s'ils développent la requête;
      - sauf s'ils sont postérieurs à la requête;
  - *ordonnance* du président que les parties comparaîtront en personne, au jour indiqué;
  - *tentative de conciliation* du président, sans la présence d'avoués ni de conseils;
  - *permission de citer*
    - donnée dans les 3 jours, par le tribunal,
    - sur le rapport du président,
    - sur les conclusions du ministère public;
    - elle peut être suspendue pendant 20 jours au plus;

- **instance judiciaire**
  - *assignation* au défendeur
    - à huitaine, à l'audience à huis clos,
    - avec copie de la demande et des pièces;
  - **demandeur** *en personne,* ou assisté d'un conseil,
    - expose les *faits,* à *huis clos,*
    - représente les *pièces,*
    - désigne les *témoins;*
    - s'il ne comparaît pas, la procédure tombe;
  - **défendeur**
    - propose ses observations,
    - désigne ses témoins;
  - **procès-verbal** des dires et observations
    - lu aux parties,
    - signé par les parties;
  - **jugement**
    - qui renvoie à l'audience publique,
    - qui ordonne la communication au ministère public,
    - qui commet un rapporteur;
    - signifié au défendeur défaillant seul;
    - s'il est par défaut, le défendeur ne peut y former opposition.
  - **à l'audience**
    - *rapport* du juge commis, { sur les fins de non-recevoir;
    - *avis* du procureur du roi, { sur l'admissibilité de la demande;
    - 1er *jugement* qui rejette ou admet la demande;
    - 2e *jug^t*
      - *admettant* le divorce;
        - aveu du défendeur non admis;
        - lettres non confidentielles;
      - ou *ordonnant*
        - l'*enquête* des faits pertinents :
        - la *contre-enquête;*
        - *témoins*
          - désignés à cette audience au plus tard;
          - reprochables / immédiatement
            - descendants seuls,
            - pour parenté;
            - non domestiques.

- **enquêtes**
  - à *huis clos,* devant le tribunal;
  - en présence
    - du procureur du roi,
    - des parties,
    - de leurs conseils,
    - de trois amis de chacune d'elles;
  - témoins interrogés sur les faits jugés pertinents;
  - dépositions rédigées par écrit
    - lues aux témoins et aux parties,
    - signées, ou mention qu'ils ne veulent ou ne peuvent signer.

- **ordonnance du tribunal**
  - renvoyant les parties à l'audience publique, à jour fixé;
  - commettant un rapporteur;
  - signifiée au défendeur.

- **plaidoiries sur enquêtes,** et conclusions du procureur du roi
  - le demandeur *doit* être présent;
  - le défendeur peut se faire représenter.

- **jugement définitif,** à l'*audience publique,*
  - pour adultère, prononcé immédiatement;
  - pour excès, sévices, etc.
    - ou prononcé immédiatement;
    - ou remis après un an d'épreuve, et prononcé alors sur l'assignation du demandeur.

Procédure
du divorce
(*suite*)

voies
de
recours

pas d'opposition ;

appel { dans les 3 mois de la signification du jugement ; / suspensif ; / l'opposition est permise contre un arrêt par défaut ;

pourvoi en cassation { dans les 3 mois de la signification du jugement en dernier ressort ; / *suspensif ;*

pas de requête civile.

exécution
du jugement

dans les deux mois,
à partir de l'expiration { du délai d'appel, pour les jugements de 1re instance ; / du délai d'opposition, pour les arrêts par défaut ; / du délai du pourvoi, pour les arrêts contradictoires ;

comparution du demandeur *en personne,* défendeur dûment appelé, (le tout à peine de déchéance) { devant l'officier de l'état civil { du mari ; / de la femme, (si le domicile du mari est inconnu) ;

prononciation du divorce par l'officier de l'état civil, (après vérification des pièces et des délais) ;

signature de l'acte { par le demandeur, / par deux témoins ; } (d'ordinaire on exige 4 témoins).

Mesures provisoires, relatives

aux enfants, qui sont confiés { au père, demandeur ou défendeur ; / à la mère, { par le tribunal, sur la demande } de la mère, du conseil de famille, du procr du roi, { dès la requête ; / à un tiers, { par le président, en référé.

à la résidence de la femme

elle peut quitter le domicile conjugal ; le mari peut l'y obliger ; { le tribunal indique la maison, ou le président, en cas d'urgence ;

le mari peut être forcé de quitter le domicile conjugal (dans l'intérêt de la famille) ;

la femme doit justifier de sa résidence, quand elle en est requise, { sous peine { de refus d'audience ; / de refus de pension alimentaire.

à la provision alimentaire

de la femme demanderesse ou défenderesse, dans le besoin, { pour nourriture et entretien, / pour frais du procès ;

du mari, si toute la fortune est à la femme.

à la conservation du patrimoine de la femme

apposition des scellés sur les meubles de la communauté ;
inventaire avec prisée ;

nullité { des obligations, / des aliénations d'immeubles } faites par le mari en fraude des droits de la femme.

Fins de non-recevoir

absence de cause légale ;
renonciation à la demande ;

réconciliation, prouvée
(pardon de l'injure)
{ par écrit, / par témoins, / par présomptions, / par aveu ou serment, } en tout état de cause ; le tribunal apprécie ;

prescription de 30 ans ;
chose jugée, quand la demande nouvelle est fondée sur les mêmes faits ;
litispendance, quand le demandeur est déjà demandeur en séparation pour les mêmes causes ;
décès d'un des époux.

CHAPITRE III. — *Divorce par consentement mutuel* (Art. 275 à 294).

Conditions requises

âge
- le mari doit avoir *plus de 25 ans;*
- la femme doit avoir *plus de 21 ans* et *moins de 45 ans;*

durée du mariage
- seulement *après deux ans* de mariage;
- *avant vingt ans* de mariage;

consentement authentique
- des père *et* mère;
- des autres ascendants, à leur défaut, selon l'ordre établi pour le mariage; (celui du père ou de l'aïeul ne suffit pas, en cas de dissentiment);

mesures préliminaires
- *inventaire* préalable, avec estimation, de tous les biens des époux;
- *règlement* des droits pécuniaires des époux;
- écrit constatant (même s. s. p.)
  - à qui les *enfants* seront *confiés* { pendant l'instance, après le divorce;
  - où la *femme* devra *résider* pendant l'instance;
  - quelle *somme* le mari devra payer à la femme pendant l'instance.

Procédure

tentative de conciliation
- *comparution des deux époux*, en personne, devant le président { déclaration de leur volonté, en présence de deux notaires;
- *représentations* faites par le président { aux deux époux réunis, à chacun d'eux en particulier;
- *lecture* du chapitre IV du titre VI, sur les effets du divorce.

dépôt de certains actes : (dont procès-verbal)
- *inventaire* estimatif des biens des époux;
- *règlement* des droits pécuniaires des époux;
- *convention* constatant { à qui les enfants seront confiés, où la femme devra résider, quelle pension sera fournie par le mari;
- actes { de naissance des époux; de mariage; de naissance ou de décès des enfants;
- *consentement* authentique des père et mère ou autres ascendants.

trois renouvellements
- de 3 en 3 mois, de la déclaration des époux au président;
- du consentement authentique des père et mère ou ascendants.

ordonnance du président qu'il sera référé au tribunal dans les 3 jours
- dans la quinzaine, après une année depuis la 1re déclaration;
- en présence { des époux, de quatre amis { notables, domiciliés dans l'arrondissement, âgés de 50 ans;
- sur la présentation des quatre procès-verbaux de leur consentement mutuel;
- après observations, faites par { le président, les assistants.

conclusions du procureur du roi
- *la loi permet* le divorce; ou
- *la loi empêche* le divorce.

jugement, en chambre du conseil,
- *non motivé*, si les conditions et formalités sont remplies, *admet* le divorce;
- *motivé*, si toutes les formalités n'ont pas été remplies, *rejette* le divorce.

appel
- par les deux parties { par actes séparés, du 10e au 20e jour du jugement qui rejette le divorce; actes signifiés l'une à l'autre réciproquement, et au procureur du roi;
- conclusions du procureur général, dans les 10 jours de la réception des pièces;
- rapport, en chambre du conseil, par le président;
- arrêt dans les 10 jours.

recours en cassation par les deux parties, dans les 3 mois — il n'est *pas suspensif.*

prononciation du divorce par l'officier de l'état civil { *dans les 20 jours* du jugement; les *deux parties présentes.*

CHAPITRE IV. — *Effets du divorce* (Art. 295 à 305).

Effets du divorce

- **Effets généraux**
  - il dissout le mariage ;
  - il met fin
    - aux droits et devoirs réciproques des époux ;
    - aux obligations qui naissent du mariage { sauf, dans certains cas, l'obligation alimentaire (301) ;
    - à l'incapacité de la femme.
  - il empêche toute union nouvelle entre les anciens époux ;
  - il leur permet de nouveaux mariages ;
  - il rend à chacun la libre disposition de ses biens ;
  - il détruit les droits de successibilité entre eux { non la puissance paternelle, non les droits réciproques de succession des enfants ;
  - il enlève à la femme le droit de porter le nom du mari ;
  - il ne détruit pas les empêchements au mariage fondés sur { la parenté, l'alliance.

- **Effets spéciaux**
  - **du divorce pour *cause déterminée***
    - *relativement aux époux*
      - la femme divorcée ne peut se remarier que 10 mois après le divorce prononcé ;
      - l'époux coupable d'adultère ne peut se marier avec son complice.
    - *relativement aux enfants*
      - ils sont confiés à l'époux demandeur ;
      - ils peuvent être confiés { à l'autre époux ou à un tiers } sur la demande { de la famille ; du proc.r du roi ;
      - les père et mère conservent la surveillance { de l'entretien, de l'éducation.
    - *relativement aux intérêts pécuniaires*
      - des *enfants*
        - ils ne sont privés d'aucun des avantages stipulés ;
        - ils ont droit à l'entretien et à l'éducation ;
      - des *époux*
        - le défendeur
          - *perd les avantages* (même les legs)
            - faits par l'autre époux, sauf dans le cas de 310 C. ;
            - non ceux faits par des tiers ;
            - non sa dot ;
            - non sa part dans la communauté { légale ; convent.lle (controv.) ;
          - *perd l'usufruit* légal ;
          - *conserve le droit* de révoquer, pour ingratitude, les donations faites au demandeur pendant le mariage (controv.) ;
        - le demandeur
          - *conserve les avantages* faits, même s'ils devaient être réciproques ;
          - peut obtenir une *pension alimentaire*
            - du $1/_3$ au plus des revenus du défendeur ;
            - par le jugement qui admet le divorce ;
            - qui ne cesse pas par la mort du débiteur (controv.).
  - **du divorce par *consentement mutuel***
    - chaque époux ne peut se remarier que 3 ans après la prononciation ;
    - les père et mère conservent la puissance paternelle ;
    - la moitié des biens des père et mère appartient aux enfants, dès le jour de la 1re déclaration, { sauf l'usufruit, jusqu'à la majorité ;
    - les droits des époux ont dû être réglés ;
    - les biens recueillis en vertu de l'art. 305 ne sont soumis ni à rapport, ni à réduction, par les enfants du 1er lit.

- **Nullité du divorce**
  - quand il a été prononcé
    - par un officier public incompétent ;
    - après les délais prescrits ;
    - sans que le demandeur fût présent ;
    - sans que le défendeur eût été appelé ;
    - sans un jugement ayant force de chose jugée ;
  - quand l'acte dressé est nul.

CHAPITRE V. — *Séparation de corps* (Art. 306 à 311).

Causes { adultère { de la femme;
du mari, qui a tenu sa concubine dans la maison commune;
excès, sévices, injures graves.

Demande portée devant le tribunal du domicile des époux { par action principale,
par action reconventionnelle.

Formes {

mesures préliminaires {
requête du demandeur (en personne, ou par fondé de pouvoirs;
(pièces jointes) { contenant sommairement les faits;
1re *ordonnance* du président, exigeant la comparution des parties
en personne, au jour indiqué;
tentative de conciliation, les parties comparaissant sans avoués
ni conseils;
2e *ordonnance,* renvoyant les parties à se pourvoir.

instance judiciaire {
introduite, instruite et jugée comme toute action civile;
huis clos, *seulement si* l'on craint le scandale;
conclusions du ministère public.

mesures provisoires {
le président { autorise la femme à se retirer dans une maison
indiquée (pas de sanction);
ordonne que ses effets à usage journalier lui soient
remis;
le tribunal peut accorder une provision alimentaire à la femme;
apposition des scellés et inventaire (controv.);
le mari peut être privé de l'administration provisoire des enfants (controv.).

enquête {
si les faits ne sont pas suffisamment établis;
selon le code de procédure civile;
enfants et descendants seuls reprochables du chef de parenté;
domestiques non reprochables.

mêmes fins de non-recevoir que pour le divorce; mais la séparation provisoire à titre
d'épreuve n'est pas autorisée.

la séparation {
résulte du jugement, dont un extrait est affiché { au tribunal de 1re instance,
au tribunal de commerce,
dans les chambres { d'avoués,
de notaires;
n'est pas prononcée devant l'officier de l'état civil;
le pourvoi en cassation n'est pas suspensif.

Effets {

quant aux *époux* {
mariage non dissous;
devoir de cohabitation cesse — la femme peut avoir un domicile distinct;
devoir de fidélité subsiste, mais il n'y a plus de domicile conjugal;
l'époux adultère peut se marier avec son complice (après la mort du conjoint);
l'enfant conçu pendant la séparation a pour père le mari, sauf le désaveu;
devoir d'assistance cesse, mais des aliments sont encore dus;
l'incapacité de la femme subsiste.

quant aux *enfants* {
le père seul a l'administration des enfants,
sauf décision contraire du tribunal, dans l'intérêt des enfants.

quant aux *biens* {
la séparation de corps entraîne de plein droit la séparation de biens;
l'époux coupable *perd le préciput* conventionnel en cas de survie (1518 C.);
l'époux coupable *ne perd pas* { *l'usufruit légal;*
les *avantages* à lui faits par l'autre époux (controv.);
l'époux demandeur *peut révoquer* pour ingratitude les libéralités faites
à son conjoint (controv.).

Cessation {
par le *divorce,* demandé par le défendeur au bout de trois ans;
par la *réconciliation* des époux { tous les effets de la séparation sont détruits;
la séparation de biens subsiste, jusqu'au rétablissement
authentique des conventions matrimoniales.

TITRE VII. — **Paternité et Filiation** (ART. 312 à 342).

CHAPITRE I ET II. — *Filiation des enfants légitimes et preuves de cette filiation* (ART. 312 à 330).

Espèces de filiation —
- naturelle,
- légitime,
- civile,
- légitimée,
- adultérine ou incestueuse.

Sont légitimes —
- les enfants *conçus et nés pendant* le mariage;
- les enfants *conçus avant et nés pendant* le mariage — si le mari ne s'y oppose pas;
- les enfants *conçus pendant et nés après* la dissolution du mariage.

Preuves de la filiation légitime :

accouchement de la mère —
- *mariage* de la mère — par l'*acte de célébration*;
- par l'*acte de naissance*, sauf le *désaveu*;
- par *possession d'état* constante et certaine — *port du nom* du père, éducation, *entretien* et établissement par le père, *reconnaissance* comme fils { dans la *famille*, dans la *société*, } prouvée par tous moyens; *invincible*, quand elle est jointe à l'acte de naissance.

identité de l'enfant —
- par *témoins* :
  - à défaut de titre et de possession constante,
  - en cas de contradiction entre { acte de naissance, et possession d'état. } s'il y a *commencement de preuve par écrit*, ou s'il y a *présomptions* ou *indices* graves; sauf preuve contraire. — registres et papiers domestiques des père et mère, actes émanés d'une partie ayant un intérêt contraire;
  - en cas d'inscription { sous un faux nom, comme né de père et mère inconnus; }

paternité du mari —
- par conception pendant le mariage { enfant *né le 180e ou après le 180e jour* du mariage, enfant *né avant le 300e jour* depuis sa dissolution } a pour père le mari;
- le mari est présumé l'auteur de la conception (*pater is est quem nuptiæ demonstrant*).

Action en désaveu

contre l'enfant *conçu et né pendant* le mariage —
- 1° pour *impossibilité physique* de cohabitation { *éloignement*, impuissance *accidentelle* (non impuissance naturelle) } *depuis le 300e jusqu'au 180e jour* avant la naissance;
- 2° pour *adultère de la femme* { s'il y a *recel* de la naissance, et si le mari établit l'*impossibilité morale* de cohabitation. }

3° contre l'enfant *conçu avant et né pendant* le mariage — sauf :
- si le mari a *eu connaissance* de la grossesse;
- s'il a *assisté* à l'acte de naissance de l'enfant, et l'a signé;
- si l'enfant n'est *pas né viable*;
- si le mari *a renoncé* expressément ou tacitement au désaveu;
- s'il s'était reconnu le père.

Action en contestation de légitimité —
l'enfant *né le 300e jour* après la dissolution du mariage {
- est *réputé légitime*;
- mais cette légitimité est *contestable* par tous intéressés (sans preuve contraire);
- l'action est *imprescriptible*. }

Prescription de l'action en désaveu

pour le *mari* —
- *présent* — après *un mois* à dater de la naissance;
- *absent* — après *deux mois* à dater de son retour;
- *s'il ignorait* la naissance — après *deux mois*, à dater de la découverte de la fraude.

pour les *héritiers* —
- si le mari l'*a intentée*
- si le mari *est décédé*, étant encore dans le délai utile,
} *après deux mois*, à dater du trouble pécuniaire causé par l'enfant;

ces délais peuvent être *prolongés d'un mois* par un acte extrajudiciaire de désaveu.

L'action en réclamation d'état
- est portée devant le *tribunal civil* — le civil tient le *criminel en état*;
- est *imprescriptible* à l'égard de l'*enfant*;
- peut être intentée pendant 30 *ans* :
  - par les *héritiers* { si l'enfant est décédé *mineur*, *dans les 3 années* de sa majorité, }
  - si elle a été *commencée* par l'enfant, { sauf s'il s'est désisté; sauf si l'instance est périmée; }
  - par les *créanciers des héritiers*.

CHAPITRE III. — *Enfants naturels* (ART. 331 à 342).

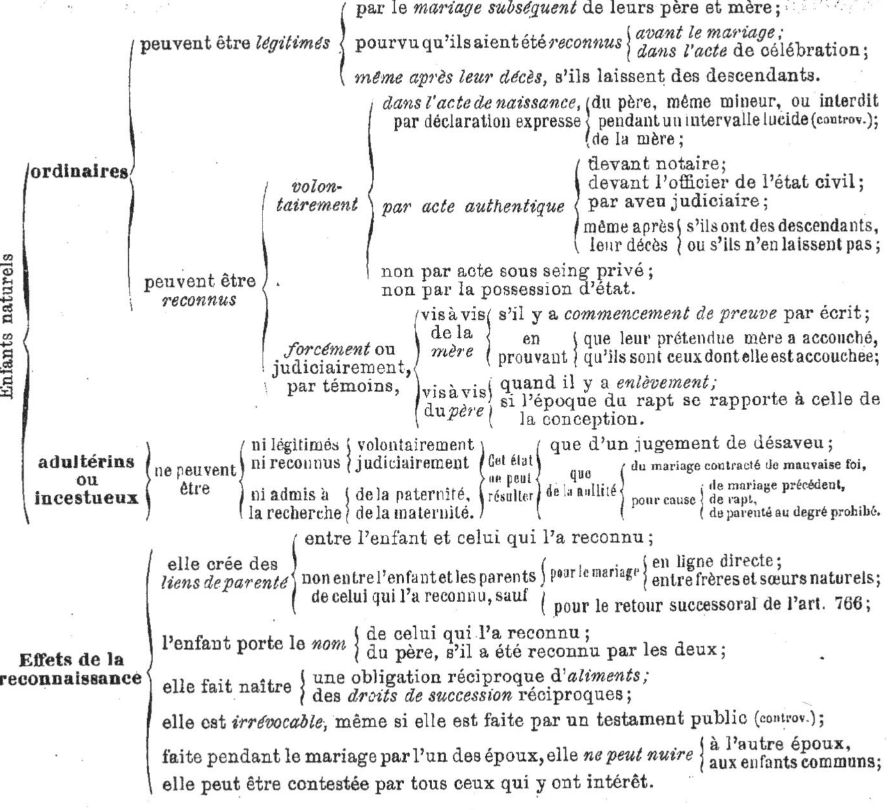

Enfants naturels

ordinaires

peuvent être *légitimés* :
- par le *mariage subséquent* de leurs père et mère;
- pourvu qu'ils aient été *reconnus* : avant le mariage; / dans l'acte de célébration;
- *même après leur décès*, s'ils laissent des descendants.

peuvent être *reconnus* :

volontairement :
- *dans l'acte de naissance*, par déclaration expresse : du père, même mineur, ou interdit pendant un intervalle lucide (controv.); / de la mère;
- *par acte authentique* : devant notaire; / devant l'officier de l'état civil; / par aveu judiciaire; / même après leur décès : s'ils ont des descendants, / ou s'ils n'en laissent pas;
- non par acte sous seing privé;
- non par la possession d'état.

forcément ou judiciairement, par témoins :
- vis à vis de la *mère* : s'il y a *commencement de preuve* par écrit; / en prouvant : que leur prétendue mère a accouché, / qu'ils sont ceux dont elle est accouchée;
- vis à vis du *père* : quand il y a *enlèvement;* / si l'époque du rapt se rapporte à celle de la conception.

adultérins ou incestueux

ne peuvent être :
- ni légitimés ni reconnus : volontairement / judiciairement
- ni admis à la recherche : de la paternité, / de la maternité.

Cet état ne peut résulter :
- que d'un jugement de désaveu;
- que de la nullité : du mariage contracté de mauvaise foi, / pour cause : de mariage précédent, / de rapt, / de parenté au degré prohibé.

Effets de la reconnaissance

elle crée des *liens de parenté* :
- entre l'enfant et celui qui l'a reconnu;
- non entre l'enfant et les parents de celui qui l'a reconnu, sauf : pour le mariage : en ligne directe; / entre frères et sœurs naturels; / pour le retour successoral de l'art. 766;

l'enfant porte le *nom* : de celui qui l'a reconnu; / du père, s'il a été reconnu par les deux;

elle fait naître : une obligation réciproque d'*aliments;* / des *droits de succession* réciproques;

elle est *irrévocable*, même si elle est faite par un testament public (controv.);

faite pendant le mariage par l'un des époux, elle *ne peut nuire* : à l'autre époux, / aux enfants communs;

elle peut être contestée par tous ceux qui y ont intérêt.

TITRE VIII. — **Adoption et Tutelle officieuse** (Art. 343 à 370).

CHAPITRE I. — *Adoption ordinaire et Adoption rémunératoire* (Art. 343 à 360).

Conditions requises

dans l'adoption ordinaire

pour adopter :
- avoir *plus de 50 ans*,
- avoir 15 *ans de plus* que l'adopté,
- n'avoir *ni enfants ni descendants* légitimes, même conçus,
- avoir le *consentement de son conjoint*,
- jouir d'une *bonne réputation*,
- avoir l'exercice et la *jouissance de ses droits civils*—non l'étranger ordinaire (controv.) ;

pour être adopté :
- être *majeur* ;
- jusqu'à 25 ans, avoir le *consentement* des père *et* mère ;
- après 25 ans, avoir requis le *conseil* des père *et* mère ;
- n'être *pas adopté déjà par un autre*, sauf par le conjoint de l'adoptant ;
- avoir reçu de l'adoptant, *pendant* 6 *ans* de minorité, des *soins et secours* non interrompus ;

(même les enfants naturels reconnus, adultérins et incestueux.)

dans l'adoption rémunératoire

pour adopter :
- être *majeur*,
- être *plus âgé* que l'adopté,
- n'avoir *ni enfants ni descendants* légitimes,
- avoir le *consentement* du conjoint,
- jouir d'une *bonne réputation* ;

pour être adopté :
- être *majeur*,
- avoir { avant 25 ans, obtenu le *consentement* de ses père *et* mère ; après 25 ans, requis le *conseil* de ses père *et* mère ;
- avoir *sauvé la vie* à l'adoptant ;
- n'être *pas adopté par un autre*, sauf par le conjoint de l'adoptant.

Effets

- *nom* de l'adoptant ajouté à celui de l'adopté ;
- *prohibition de mariage* (empêchement prohibitif) :
  - entre l'adoptant et l'adopté ;
  - entre les enfants adoptifs du même individu ;
  - entre l'adopté et les enfants légitimes de l'adoptant ;
  - entre l'adopté et le conjoint de l'adoptant, et réciproquement ;
- obligation *alimentaire* réciproque ;
- droits d'enfant légitime { pour l'adopté ou ses enfants { non réciproquement ; sur la *succession* de l'adoptant { non sur les biens des parents de l'adoptant ;
- maintien des *droits* de l'adopté dans sa *famille naturelle* ;
- droit de *retour* :
  - au profit { de l'adoptant, de ses descendants légitimes, } sur les choses { données par l'adoptant à l'adopté, recueillies dans sa succession, se retrouvant en nature dans la succession de l'adopté, mort sans postérité légitime ou adoptive ;
  - au profit de l'adoptant seul { sur les choses données par lui, se retrouvant en nature, dans la succession des enfants de l'adopté, décédés sans postérité.
- *irrévocable*, quand elle est inscrite sur les registres de l'état civil.

Formes

- présentation { de l'adoptant { en personne, de l'adopté { par mandataire, } *devant le juge de paix de l'adoptant*, qui dresse l'acte des consentements respectifs ;
- dans les 10 *jours*, *requête* de l'une des parties au tribunal ;
- le tribunal :
  - prend l'*avis du procureur du roi* ;
  - vérifie { si toutes les *conditions légales sont remplies* ; si l'adoptant jouit d'une *bonne réputation* ;
  - rend, *en chambre du conseil*, un jugement *non motivé* { *il y a lieu* à adoption ; *il n'y a pas lieu* à adoption.
- dans *le mois*, le jugement est soumis à la *cour d'appel* { qui instruit dans les *mêmes formes*, qui statue par arrêt *non motivé* :
  - le jugement est *confirmé* : en conséquence { *il y a lieu* ; *il n'y a pas lieu* ;
  - le jugement est *réformé* ;
  - l'arrêt qui *admet l'adoption* { est *seul* prononcé *publiquement*, est publié par *affiches*.
- dans les 3 *mois*, l'adoption { est *inscrite sur les registres* de l'état civil du domicile de l'adoptant ; est *mentionnée en marge* de l'acte de naissance de l'adopté.
- La procédure peut être suivie *par l'une des parties*, sans le concours de l'autre { vivante, ou décédée ; sauf mémoires et observations des héritiers de l'adoptant.

CHAPITRE II. — *Tutelle officieuse et Adoption testamentaire* (Art. 361 à 370).

Conditions requises

chez le *tuteur* officieux
- être âgé de *plus de 50 ans*,
- n'avoir *ni enfants ni descendants* légitimes,
- avoir le *consentement* de son conjoint,
- être *capable* de gérer une tutelle ordinaire;

chez le *pupille*
- être âgé de *moins de 15 ans*,
- avoir le *consentement*
  - de ses père et mère;
  - du conseil de famille;
  - des administrateurs de l'hospice;
  - de la municipalité de sa résidence.

Formes
- déclaration *devant le juge de paix* du domicile *du mineur;*
- procès-verbal dressé des demandes et consentements respectifs.

Effets

le tuteur officieux doit
- prendre soin de la *personne* du pupille,
- le nourrir et *l'élever à ses frais,*
- le mettre *en état de gagner sa vie;*
- *gérer gratuitement* ses biens { subrogé tuteur, hypothèque légale;

il a la *faculté d'adopter* le pupille *par testament* { *après 5 ans* de tutelle, s'il ne laisse pas d'enfants légitimes;

le pupille a le *droit de réclamer* les moyens de subsister { si le tuteur meurt avant 5 ans; si le tuteur meurt sans avoir adopté le pupille;

dans les 3 mois qui suivent la majorité { si le tuteur refuse l'adoption, si le pupille ne peut gagner sa vie } le tuteur peut être *forcé à indemniser* le pupille.

L'adoption testamentaire est *non avenue, si le tuteur vit* à la majorité du pupille.

TITRE IX. — **Puissance paternelle** (Art. 371 à 387).

Elle est exercée
- par le *père* seul, pendant le mariage, ou après sa dissolution ;
- par la *mère* :
  - si le père est *mort*,
  - si le père est *absent*, dément ou interdit.
  - si le père en est *privé par condamnation* judiciaire ;
- par les *père et mère* sur les enfants *naturels reconnus*, et non par le père seul (controv.).

Droits qui en dérivent

Droit à l'honneur et au respect des enfants
- à tout âge ;
- de là l'obligation :
  - de requérir le conseil des père et mère pour se marier, pour être adopté ;
  - de leur fournir des aliments.

Droit de garde
- jusqu'à la majorité ou l'émancipation ;
- sauf, par autorisation de justice :
  - en cas de mauvais traitements ;
  - en cas d'excitation à certains délits (378 P.).

Droit d'éducation
- droit pour le père de faire élever l'enfant chez lui ou hors de chez lui ;
- droit pour le dernier mourant de choisir un tuteur.

Droit de correction

par voie d'autorité (si l'enfant a *moins de 16 ans* commencés)
- le père peut faire incarcérer l'enfant :
  - pour *un mois* au plus ;
  - *sans donner de motifs* ;
  - l'ordre d'arrestation *ne peut être refusé* par le président ;
- le père doit s'engager à payer frais et aliments.

par voie de réquisition (dans le cas où l'enfant mineur a *plus de 16 ans* ; le père est *remarié*, quel que soit l'âge de l'enfant ; l'enfant a des *biens personnels*, ou *exerce un état* ; c'est la *mère qui l'exerce* : il faut de plus le concours *des deux plus proches parents* du père, ou à leur défaut, de deux amis ; *non si elle est remariée*.)
- l'enfant est incarcéré :
  - pour 6 *mois au plus* ;
  - avec *permission du président* qui peut abréger la durée, sur l'avis du procr du roi ;
  - sans écriture ni formalité judiciaire ;
  - avec soumission de payer frais et aliments ;
  - droit de grâce accordé au père.
- l'enfant peut adresser un *mémoire* au procr génl :
  - seulement *s'il a des biens* ou *exerce un état* (controv.) ;
  - le prést (de la cour) après enquête, sur le rapport du procr génl, peut révoquer ou modifier l'ordre d'arrestation.

Droit d'administration
- appartient :
  - au *père* ;
  - au *survivant* des père et mère ;
  - à la *mère*, quand elle exerce la puissance paternelle ;
- concerne les biens personnels des enfants mineurs ;
- entraîne l'obligation de rendre compte, sauf des revenus dont il a l'usufruit ;
- sans contrôle :
  - sans subrogé tuteur,
  - sans inventaire,
  - sans caution ni hypothèque ;
- est d'*ordre public* : il ne peut être enlevé au père (controv.), sauf en cas d'incapacité, d'infidélité ou d'inconduite notoire ;
- ne donne pas au père le droit de disposition, sauf avec autorisation du tribunal.

Droit d'usufruit légal
- appartient :
  - au *père* seul, durant le mariage ;
  - au *survivant* des père et mère ;
  - *non à la mère*, en cas d'*absence ou de démence du père* (controv.) ;
  - *non au père* de l'enfant *naturel reconnu*.
- est établi :
  - sur les biens personnels des enfants ;
  - non sur les biens :
    - acquis par le travail séparé des enfants ;
    - donnés ou légués sous la condition de non-jouissance des parents ;
    - provenant d'une succession dont les parents ont été exclus comme indignes.
- oblige l'usufruitier :
  - aux *charges ordinaires* des usufruitiers, excepté à caution ;
  - à nourrir, entretenir et *élever les enfants* selon *leur* fortune ;
  - à payer les *arrérages* et *intérêts* en retard ;
  - à payer les frais *funéraires, de dernière maladie* de celui à qui le mineur a succédé.
- cesse :
  - quand l'enfant a 18 ans, ou meurt avant cet âge ;
  - quand il est émancipé ;
  - quand le père est privé de l'exercice de la puissance paternelle ;
  - quand le divorce a été prononcé contre l'usufruitier légal ;
  - quand le survivant n'a pas fait l'inventaire des biens de la communauté (1442 C.) ;
  - quand la mère usufruitière se remarie, etc.

Elle cesse
- par le *décès* des père et mère, ou de l'enfant ;
- par la *majorité* de l'enfant, par son *émancipation*, sauf l'honneur et le respect, que l'enfant doit à tout âge ;
- par la *déchéance* encourue pour délits prévus aux art. 372 et s. P.

TITRE X. — **Minorité, Tutelle et Émancipation** (Art. 388 à 487).

CHAPITRE I et II. — *Minorité et Tutelle* (Art. 388 à 475).

MINEURS
- tous individus âgés de moins de 21 ans ;
- incapables de tous les actes de la vie civile
  - sous puissance de leur père
    - *légitime* : le père est administrateur des biens ; il doit rendre compte, sauf des revenus dont il a l'usufruit ; aucun contrôle, sauf celui de la mère ;
    - *naturel* ;
  - ou sous l'autorité de leur tuteur ;
  - ou sous la dépendance d'un curateur.

SECTIONS I à V. — *Tutelle, Subrogée tutelle et Conseil de famille* (Art. 389 à 426).

TUTELLE

charge *civile, gratuite* et *obligatoire, déférée* par la loi ou en vertu de la loi, (même à un étranger) ayant pour but (d'*administrer*) la *personne* des *mineurs* non émancipés ; les *biens* des *interdits* judiciaires.

s'ouvre
- à la *mort d'un des époux*, et non par l'absence de l'un d'eux ;
- à la *naissance d'un enfant naturel* ayant des biens, reconnu on non (controv.).

est mise *sous le contrôle* d'un **conseil de famille**
- **composé**
  - du *juge de paix* : du domicile du mineur ; président, et ayant voix délibérative et prépondérante ;
  - de *parents*, alliés ou amis (non responsables)
    - au nombre de six : pris *moitié dans chaque ligne,* en suivant l'ordre de proximité ;
    - sans limitation de nombre : pour les *frères et beaux-frères germains* ; pour les *ascendants excusés* de la tutelle ; pour les *ascendantes veuves* ;
    - choisis : dans un *rayon de deux myriamètres* ; ou, à défaut, à de plus grandes distances ; ou parmi les amis des père et mère ;
    - dont sont exclus : les mineurs, autres que père et mère ; les interdits ; les femmes, autres que mère et ascendantes ; les individus ayant un procès avec le mineur ; les condamnés à une peine criminelle ; certains condamnés à une peine correctionnelle ; les individus exclus ou destitués d'une tutelle ; les individus intéressés dans la question soumise.
- **convoqué**
  - par le juge de paix : ou d'*office* ; ou *sur la réquisition* des parents ou alliés du mineur ; d'autres personnes intéressées ; même de toute personne ;
  - ou *à l'amiable* ou *par huissier* : avec intervalle de 3 jours, augmenté d'un jour par 3 myriam. — amende de 50 *francs* pour non-comparution.
- **délibérant**
  - de plein droit *chez le juge* de paix (ou au local désigné par lui) ;
  - valablement avec la *présence des* $^3/_4$ *des membres* convoqués (5 sur 6) ;
  - à la *majorité absolue* des suffrages (controv.) ;
  - en général sans motiver la décision prise ;
  - sauf recours au tribunal, dans tous les cas.
- **compétent**
  - pendant toute la durée de la tutelle (controv.) ;
  - *nommer* : le curateur au ventre ; le tuteur et le subrogé tuteur ;
  - pour *prononcer* sur les causes : de dispenses, d'incapacité, d'exclusion et de destitution ;
  - *émanciper*, et nommer le curateur ;
  - *accorder les autorisations* nécessaires au tuteur ;
  - *donner son avis* sur les questions soumises.

est placée sous la *surveillance* d'un **subrogé tuteur**
- **chargé**
  - de *contrôler* les actes du tuteur ;
  - d'*agir* pour les intérêts du mineur *opposés à ceux du tuteur* ;
  - de *provoquer* : la destitution du tuteur ; la nomination d'un nouveau tuteur.
- nommé *par le conseil de famille* : sur *la demande du tuteur* légal, testamentaire ou légitime ; *immédiatement après* la nomination du tuteur datif, le tuteur ne votant pas pour cette nomination.
- choisi *dans la ligne à laquelle n'appartient pas le tuteur,* hors le cas de frères germains ;
- *responsable* du défaut de surveillance ;
- dispensé, incapable ou exclu pour les mêmes causes que le tuteur.

Espèces de tutelle

1° légale

- du *père survivant*
  - a lieu *de plein droit ;*
  - appartient au père, même mineur (avec assistance de son curateur pour les actes qu'il ne peut faire lui-même) ;
  - un subrogé tuteur doit être nommé.
- de la *mère survivante*
  - elle n'est *pas tenue d'accepter* la tutelle, mais elle ne peut y renoncer après acceptation (controv.) ;
  - le père peut lui nommer un *conseil* responsable
    - par *acte authentique* : devant notaire, devant le juge de paix, — pour tous les actes ou pour certains actes ;
    - par *testament,*
  - quand elle se remarie
    - elle *doit*, avant l'acte de mariage, *convoquer* le conseil de famille : qui lui *conserve* la tutelle, en lui donnant pour cotuteur le 2ᵉ *mari, responsable* avec elle *dès le mariage ;* qui *peut ne pas la maintenir* dans la tutelle ;
    - si elle ne convoque pas le conseil de famille : elle *perd la tutelle* de plein droit, mais le conseil de famille peut la renommer ; son 2ᵉ *mari est responsable* solidairement avec elle de la gestion, *même antérieure* au mariage.
  - si elle est enceinte, il lui est nommé un *curateur au ventre* (qui sera de plein droit le subrogé tuteur, à moins qu'elle n'ait déjà des enfants).

2° testamentaire

- déférée
  - par le *dernier mourant* des père et mère
    - par testament,
    - par acte authentique : devant notaire, devant le juge de paix ;
  - par la *mère remariée* : *maintenue* dans la tutelle, si son *choix est confirmé* par le conseil de famille ;
  - à *toute personne*
    - qui *doit accepter*, si elle est dans la classe des personnes que le conseil de famille eût pu nommer ;
    - qui *peut refuser* : si elle n'est ni parente ni alliée ; s'il y a, dans les 4 myriam., des personnes en état de gérer la tutelle.
- non déférée
  - par le survivant qui s'est fait excuser ou a été exclu ;
  - par la mère : qui a refusé la tutelle ; qui n'a pas été maintenue dans la tutelle.

3° légitime

- quand il n'y a *pas de tuteur choisi* par le dernier mourant des père et mère ;
- appartient
  - à l'*aïeul le plus proche*, l'ascendant paternel étant toujours préféré ;
  - à celui des deux bisaïeuls maternels que désigne le conseil de famille, s'il y a concours entre eux ;
- si le tuteur désigné est incapable, exclu ou excusé, il y a lieu à tutelle dative.

4° dative

- *déférée par le conseil de famille*
  - quand il n'y a pas de tuteur testamentaire ni d'ascendants ;
  - quand le tuteur désigné refuse, est : incapable, excusé, exclu ;
  - quand le tuteur décède ;
  - quand la veuve qui se remarie n'est pas maintenue ;
- est notifiée au tuteur absent, dans les 3 jours ;
- est appelée tutelle *ad hoc*, quand le tuteur est nommé par le tribunal pour une affaire spéciale : en cas de désaveu ; quand les cohéritiers mineurs ont des intérêts opposés, etc.

SECTIONS VI ET VII. — *Causes d'excuses, d'incapacité, d'exclusion, de destitution* (ART. 427 à 449).

Causes

de dispenses ou d'excuses

au début

dans un intérêt public, pour ceux qui sont
- membres de la famille royale,
- ministres,
- sénateurs et représentants,
- conseillers, procureur général et avocats généraux à la cour de cassation,
- conseillers à la cour des comptes,
- gouverneurs,
- fonctionnaires publics exerçant dans une autre province,
- militaires en activité de service,
- individus en mission à l'étranger ;

dans un intérêt privé, pour celui qui
- est *étranger à la famille,* quand il y a, dans les 4 myriam., un parent ou un allié en état de gérer la tutelle ;
- est âgé de 65 *ans* accomplis ;
- est atteint d'une *infirmité grave* et justifiée : par exemple, un aliéné ;
- gère déjà *deux tutelles ;*
- *époux ou père,* gère déjà *une tutelle* (sauf s'il s'agit de la tutelle de ses enfants) ;
- a 5 *enfants légitimes* { vivants ; morts en activité en laissant des descendants.

au cours de la tutelle
- *acceptation de fonctions,* services ou missions par le tuteur, à charge de provoquer son remplacement dans le mois, et sauf à reprendre la tutelle, si le conseil de famille y consent ;
- *âge de 70 ans,* à moins que la tutelle n'ait été acceptée après 65 ans ;
- *infirmité grave* survenue avant ou depuis la tutelle ;
- non survenance d'enfants pendant la tutelle.

doivent être proposées
- *immédiatement,* si le tuteur est présent ; } à peine de déchéance ;
- *dans les 3 jours* de la notification, s'il est absent, (plus un jour par 3 myriam.) ;
- sauf au tuteur à se pourvoir devant le tribunal { si ses excuses sont rejetées ; à charge de payer les frais, s'il succombe ; à charge d'appel (889 Pr. c.).
- (il doit administrer pendant l'instance).

d'incapacité (absence des qualités requises)
- *minorité,* sauf pour le père ou la mère ;
- *interdiction ;*
- *mise sous conseil judiciaire ;*
- *sexe,* pour les femmes autres que la mère et les ascendantes ;
- *procès,* pour ceux qui, par eux-mêmes ou par leurs père et mère { *contestent l'état* du mineur, *réclament ses biens.*

d'exclusion (indignité avant d'entrer en fonctions)
- *inconduite notoire* { désordre des affaires, dérèglement des mœurs ;
- *exclusion* ou *destitution* d'une tutelle antérieure.
- condamnation à une *peine criminelle ;*
- condamnation à une *p. correctionnelle avec interdiction* des droits de famille

} le condamné peut cependant, avec le consentement du conseil de famille, être tuteur de ses enfants (31 5° P.).

de destitution (indignité pendant la gestion)
- condamnation à une *peine criminelle ;*
- condamnation à une *p. correctionnelle avec interdiction* des droits de famille

} le condamné peut cependant, avec le consentement du conseil de famille, être tuteur de ses enfants (31 5° P.).

- *inconduite notoire ;*
- *gestion attestant l'incapacité* ou l'infidélité.

elle est prononcée
- par le conseil de famille, convoqué { d'*office,* ou *à la diligence du subrogé tuteur,* ou *sur la réquisition* { d'un parent d'un allié } jusqu'au 4e degré ;
- par délibération *motivée,* le tuteur entendu ou appelé, avec *homologation du tribunal,* et sauf appel.

SECTION VIII. — *Administration de la tutelle* (ART. 450 à 468).

Obligations du tuteur

immédiatement
- requérir la convocation du *conseil de famille*;
- faire nommer un *subrogé tuteur*;
- faire fixer
  - la *somme* pour laquelle il sera pris hypothèque;
  - les *immeubles* sur lesquels l'hypothèque sera prise;
  - à défaut d'immeubles, l'excédent a verser à la Caisse des dépôts et consignations (49, 55 loi 16 décembre 1851);
- faire régler
  - la *dépense annuelle* du mineur;
  - les *frais* d'administration;
- faire déterminer la somme à laquelle commencera, dans les 6 mois, l'*obligation d'emploi*, à peine de devoir lui-même les intérêts après ces 6 mois;
- faire indiquer les *meubles* qu'il pourra conserver;
- se faire autoriser à s'aider, au besoin, d'auxiliaires salariés.

dans les 10 jours de son entrée en fonctions
- requérir la *levée des scellés*;
- faire procéder à l'*inventaire*, en présence du subrogé tuteur;
  - (s'il n'a pas lieu dans les 3 mois, l'époux survivant perd l'usufruit légal (1442 al. 2 C.);
- déclarer { sur *interpellation*, à peine de déchéance } s'il lui est dû quelque chose par le mineur.

dans le mois qui suit la clôture de l'inventaire
- faire *vendre les meubles*
  - que le conseil de famille ne l'a pas autorisé à conserver;
  - en présence du subrogé tuteur;
  - aux enchères publiques, après publications ou affiches;
- les père et mère sont dispensés de vendre, mais ils doivent faire estimer les meubles

Pouvoirs du tuteur

sur la *personne* du pupille
- pourvoir à son entretien et à son éducation, aux frais du pupille;
- veiller à son établissement;
- le représenter dans tous les actes civils;
- avec l'autorisation du conseil de famille
  - exercer le droit de correction;
  - consentir ou s'opposer à son mariage;
  - provoquer { son émancipation; son interdiction.

sur les *biens*

agissant *seul*
- faire les actes d'administration (en bon père de famille)
  - percevoir les fruits et intérêts;
  - faire les actes conservatoires { renouveler les inscriptions; interrompre les prescriptions;
  - requérir les transcriptions;
  - payer les dettes;
  - recevoir les capitaux exigibles;
  - faire les réparations et les contrats d'assurance;
- recevoir le remboursement des capitaux non exigibles { avec l'assistance du subrogé tuteur, à charge de les employer immédiatement;
- passer les baux de 9 ans, et les renouveler;
- aliéner les meubles qu'il n'est pas autorisé à conserver;
- faire emploi des capitaux selon le vœu du conseil de famille;
- faire vendre
  - les rentes sur l'Etat
  - les actions de la Banque Nationale } de moins de 50 fr. de revenus;
  - les créances et les rentes sur particuliers, et les actions industrielles;
- intéresser les capitaux du mineur dans une société commerciale (controv.);
- représenter le mineur en justice { pour intenter les actions mobilières, possessoires; pour défendre aux actions immobilières et en partage;
- exiger immédiatement le paiement de sa créance contre le pupille.

avec l'autorisation du conseil de famille
- répudier une *succession*, ou l'accepter sous bénéfice d'inventaire;
- reprendre, dans l'état où elle est, la succession répudiée et encore vacante;
- accepter une *donation* ou un *legs*, sauf si le tuteur est en même temps ascendant du pupille (935 al. 3 C.);
- intenter une *action immobilière*, et y acquiescer;
- provoquer un *partage*;
- faire vendre { les rentes sur l'Etat les actions de la Banque Nationale } de plus de 50 fr. de revenus;
- prendre *à ferme* les biens du mineur (bail par le subrogé tuteur).

avec l'homolgation, en outre, du tribunal
- *emprunter*;
- aliéner les *immeubles* { publiquement, aux enchères par notaires, devant le juge de paix (loi 12 juin 1816);
- échanger les immeubles;
- renoncer à un *droit immobilier*;
- constituer une servitude ou une hypothèque;
- se désister d'une *action immobilière*;
- continuer le *commerce* des parents du mineur (8 loi 15 décembre 1872).

avec l'avis, en outre, de 3 jurisconsultes
- *transiger*;
- déférer ou accepter le *serment décisoire*.

il ne peut pas
- *acheter* les biens du mineur, sauf en cas de copropriété indivise;
- accepter la *cession* d'une créance contre son pupille;
- accepter une succession *purement et simplement*;
- aliéner les biens *à titre gratuit*, sauf pour gratifications;
- faire un *compromis*;
- recevoir une libéralité du pupille *avant l'apurement* du compte (907 al. 2 C.).

Le pupille *seul* peut se prévaloir du défaut des formalités exigées (1125, 1304 al. 2, 1312 C.).

Section IX. — *Comptes de la tutelle* (Art. 469 à 475).

La tutelle cesse

définitivement
- par la mort du mineur,
- par sa majorité,
- par son émancipation, sauf révocation ;

par rapport au tuteur,
- par décès,
- pour excuse admise,
- pour incapacité,
- pour destitution,
- pour absence,
- pour non-maintenue de la mère qui se remarie,
- par l'établissement d'une tutelle officieuse.

Responsabilité du tuteur

il répond du dommage résultant d'une mauvaise gestion
- du jour de sa nomination, si elle a eu lieu en sa présence ;
- du jour où sa nomination lui a été notifiée ;

il peut être tenu de remettre des *états de situation* pendant sa gestion, une fois par an au plus ;

sauf les père ou mère tuteurs ;

il doit rendre *compte*

dès que la tutelle finit ;
- ou ses héritiers, s'il est décédé ;
- il ne peut être dispensé de rendre compte, sauf pour les biens donnés ou légués sous cette condition ;

ou bien
- au mineur devenu majeur ;
- au curateur du mineur émancipé ;
- au nouveau tuteur ;
- aux héritiers du mineur décédé ;

aux frais du mineur, sauf si le tuteur en a été cause.

il doit les *intérêts du reliquat*, à partir de la clôture du compte ; le mineur ne doit les *intérêts de l'excédent* que du jour de la demande ;

il ne peut *traiter* avec le pupille devenu majeur, que 10 jours
- après reddition du compte détaillé,
- après remise des pièces ;

il peut invoquer la prescription
- de 10 ans, pour faits de tutelle, à compter de la majorité ;
- de 30 ans, pour paiement du reliquat, à compter du décès du pupille.

CHAPITRE III. — *Émancipation* (Art. 476 à 487).

Conditions et formes
- *tacitement,* de plein droit, par le *mariage;*
- *expressément*
  - par le *père,* à son défaut, par la *mère* } à *l'âge de 15 ans,* par déclaration devant un juge de paix;
  - à leur défaut, par délibération du *conseil de famille* } à *l'âge de 18 ans;* sur la réquisition { du tuteur; d'un parent ou allié jusqu'au 4e degré; le juge de paix doit y déférer.

Effets

- elle met *fin à la puissance paternelle* et à la tutelle;
- elle rend le mineur *capable* de faire *seul* certains actes :
  - actes de *pure administration,* et actes *conservatoires,*
  - *baux de 9 ans* au plus,
  - *vente du mobilier,* mais non quittance du prix,
  - *actions mobilières,* actions *possessoires, etc.*
- elle exige
  - qu'il soit *assisté d'un curateur* pour
    - recevoir son *compte de tutelle,*
    - intenter une *action immobilière* et y défendre,
    - intenter une *action en nullité de mariage,*
    - *recevoir un capital* et en *donner décharge,*
    - *acheter des immeubles,* et placer ses capitaux,
    - faire un *partage,*
    - accepter une *donation,*
    - céder une rente sur l'Etat de *moins de 50 fr.* de revenus; } si le curateur refuse son assistance, le tribunal nommera un curateur *ad hoc;*
  - qu'il ait, en outre, l'*autorisation du conseil de famille* pour
    - *refuser une succession,*
    - *accepter une succession* sous bénéfice d'inventaire,
    - *acquiescer* à une demande immobilière (controv.),
    - aliéner une rente sur l'Etat de *plus de 50 fr.* de revenus;
  - et l'*homologation du tribunal* pour
    - *aliéner des immeubles,*
    - *hypothéquer,*
    - *emprunter,*
    - *cautionner,*
    - *faire le commerce* { si les père et mère sont morts, s'ils sont dans l'impossibilité d'exprimer leur volonté;
  - et, de plus, l'*avis de trois jurisconsultes* pour
    - *transiger,*
    - déférer ou accepter le *serment décisoire.*
- elle *ne permet pas* au mineur
  - de disposer *à titre gratuit* { sauf par contrat de mariage; sauf par testament;
  - de faire un *compromis;*
  - d'accepter une succession purement et simplement.
- elle donne au mineur le droit
  - de *se faire restituer pour lésion* contre tout acte passé sans l'assistance du curateur, quand cette assistance était nécessaire (1305 C.);
  - de *faire annuler* l'acte passé sans l'autorisation du conseil de famille, etc., quand ces formalités étaient requises;
  - de *faire réduire,* en cas d'excès, les obligations par lui contractées.

Cessation
- *mort* du mineur;
- *majorité* du mineur;
- *révocation*
  - si les *obligations* du mineur ont été *réduites pour excès;*
  - en suivant les *mêmes formes* que pour conférer l'émancipation, excepté pour le mineur marié;
  - le mineur retombe alors en tutelle jusqu'à sa majorité ou son mariage.

Le mineur est **réputé majeur**
- pour les faits de son commerce, s'il est commerçant;
- pour ses conventions matrimoniales, s'il est assisté de ceux qui doivent consentir à son mariage (1095 C.).

TITRE XI. — **Majorité, Interdiction, Conseil judiciaire** (Art. 488 à 515).

CHAPITRE I. — *Majorité* (Art. 488).

MAJEURS { tous individus âgés de 21 ans au moins ;
capables de tous les actes de la vie civile { sauf les restrictions provenant du mariage ;
sauf interdiction et mise sous conseil judiciaire.

CHAPITRE II. — *Interdiction* (Art. 489 à 512).

INTERDICTION JUDICIAIRE

État du majeur incapable d'exercer ses droits civils — elle peut être appliquée à un mineur ;

Causes { *imbécillité* / *démence* / *fureur* } **habituelles.**

Elle peut être provoquée
- par *tout parent* jusqu'au 12ᵉ degré — non par un allié ;
- par le *tuteur* d'un parent mineur,
- par le *subrogé tuteur* contre le père tuteur, } *autorisés* par le conseil de famille ;
- par l'*époux* non divorcé ;
- par le *procureur du roi* { qui *doit* agir toujours, en cas de fureur ; / qui *peut* agir, si l'aliéné n'a ni époux ni parents connus.

Procédure
- *requête* articulant les faits, au président du tribunal du domicile de l'aliéné, *avec pièces* à l'appui et désignation des *témoins* ;
- *communication* au ministère public, et nomination d'un *rapporteur* ;
- *jugement* ordonnant la convocation du conseil de famille, si les faits sont pertinents ;
- *avis du conseil de famille,* { assemblé sans la présence des demandeurs en interdiction ; / avec la présence de l'époux et des enfants, sans voix délibérative ;
- *interrogatoire* du défendeur en chambre du conseil, ou par un juge commis, en présence du ministère public ;
- nomination, s'il y a lieu, en audience publique, d'un *administrateur provisoire* ;
- *enquête* ordonnée, s'il y a lieu ;
- *jugement* { en audience publique, / sur les conclusions du procureur du roi } { ou *rejette* l'interdiction, / ou *prononce l'interdiction,* / ou *nomme un conseil* judiciaire ; } soumis à l'appel ;
- le jugement ou l'arrêt est levé, signifié, et affiché dans les 10 jours.

Effets

produits *dès le jour du jugement* de première instance ;

ouverture de la tutelle
- nomination d'un *subrogé tuteur* ;
- *toujours dative* { le *mari*, non séparé de corps, est tuteur de droit ; / la *femme* peut être nommée tutrice du mari ;
- *remplacement* du tuteur *après* 10 *ans*, sauf s'il est { l'époux, / un ascendant, / un descendant ;
- emploi des revenus à la *guérison* de l'interdit ;
- la dot de l'enfant est réglée par avis du conseil de famille homologué.

nullité des actes

postérieurs au jugement (de plein droit)
- ceux concernant les biens, même s'ils sont posés dans un intervalle lucide ;
- non ceux ne concernant pas les biens, s'ils sont faits dans intervalle lucide (controv.) ;
- opposée { par l'interdit / par ses héritiers } pendant 10 ans, à partir de la mainlevée de l'interdiction.

antérieurs au jugement
- *actes onéreux*
  - si la *cause* de l'interdiction était *déjà notoire* ;
  - même si la cause de l'interdiction était *connue du tiers* contractant ;
  - s'ils ont été posés par un individu retenu dans un établissement d'aliénés (loi 18 juin 1850, art. 34) ;
  - quand l'*aliéné est mort* { si l'interdiction a été *provoquée* ou *prononcée,* (non si la demande a été repoussée) ; / si la preuve de la démence *résulte de l'acte attaqué* ;
- actes *gratuits* — si l'*insanité d'esprit* est prouvée (901 C.).

Mainlevée { quand la cause de l'interdiction cesse, / suivant les formes prescrites pour l'obtenir, } *provoquée par* { l'interdit lui-même, / le tuteur, / les parents, / le ministère public.

INTERDICTION LÉGALE

Causes
- condamnation à mort — elle dure *jusqu'à l'exécution* (20 P.) ;
- condamnation { aux travaux forcés, / à la reclusion, / à la détention perpétuelle ou extraordinaire, } *pendant la durée* de la peine (21 P.).
- condamnation à la détention ordinaire { en cas de récidive, / en cas de concours de plusieurs crimes,

Effets
- *incapacité* de plein droit { d'administrer les biens, / de disposer entre-vifs ; } curateur nommé ;
- capacité conservée { de *tester* (22 P.), / de *se marier* et de *reconnaître* un enfant naturel ;
- aucune portion des revenus de l'interdit ne peut lui être remise (24 P.) ;
- *tous* intéressés peuvent invoquer la nullité des actes posés par l'interdit.

Cesse avec *la peine,* ainsi que par la *grâce* et par la *prescription.*

CHAPITRE III. — *Conseil judiciaire* (Art. 513 à 515).

Curateur nommé par le tribunal pour *assister* certains majeurs.

Causes { *faiblesse d'esprit* { quand la famille le demande ; / d'office par le tribunal, quand il rejette l'interdiction ; / *prodigalité.*

Nomination provoquée { par tous ceux qui peuvent provoquer l'interdiction ; / selon les formes de l'interdiction.

Effets {

défense de {
plaider, acquiescer ou se désister,
transiger,
emprunter,
recevoir un capital et en donner décharge,
accepter une succession,
aliéner les meubles ou les immeubles,
hypothéquer,
faire le commerce,
disposer à titre gratuit,
} sans l'assistance d'un conseil.

nullité {
des actes *faits sans l'assistance* du conseil ;
opposable par le mineur, *pendant 10 ans* à compter de sa majorité (1304 C.) ;
non des actes antérieurs au jugement.

Cessation {
quand la *cause cesse,* en suivant les formalités pour obtenir la mise sous conseil ;
par la *mort* de l'individu qui y est soumis ;
par la *mort du conseil,* qui doit alors être remplacé.

CHAPITRE IV. — *Aliénés non interdits* (lois 18 juin 1850, 28 décembre 1873).

Administrateur provisoire {

est nommé {
aux individus placés dans des *établissements d'aliénés ;*
par le tribunal du domicile ou de la résidence ;
à la demande {
des *parents,*
de l'*époux,*
de la *commission administrative,*
du *procureur du roi,*
} après *avis du conseil de famille ;*
pour 3 ans, sauf renouvellement.

a le pouvoir {
de faire seul les *actes d'administration ;*
de faire les autres actes, sous les *conditions prescrites au tuteur* de l'interdit ;
de demander l'*autorisation du président* pour { faire vendre le mobilier ; / représenter l'aliéné { en justice, / dans les inventaires, comptes, etc.;
de recevoir les significations faites à l'aliéné.

Effets des actes posés par l'aliéné {

actes *antérieurs* à la collocation {
annulés, si l'on prouve l'absence de raison ;
annulés, si l'aliéné est mort, et si la preuve de la démence résulte de l'acte même.

actes passés *pendant* la collocation { annulables {
pendant 10 ans, selon 1304 C.,
à partir de la connaissance de l'acte,
acquise depuis la sortie définitive.

FIN DU LIVRE PREMIER.

LIVRE II. — DES BIENS.

TITRE I. — Distinction des biens (ART. 516 à 543).

Les biens sont

Immeubles

1° par *nature* (le sol, et ce qui s'y incorpore)
- fonds de terre,
- bâtiments,
- moulins à vent ou à eau, fixes sur piliers,
- récoltes pendantes et fruits non recueillis,
- bois taillis et futaies non abattus — même mis en coupe réglée,
- fleurs, arbustes, etc., plantés en terre,
- mines, carrières, et minéraux non extraits,
- tuyaux servant à la conduite des eaux.

2° par *destination*

choses mobilières, placées par le propriétaire pour l'exploitation du fonds
- animaux attachés à la culture, ou livrés au fermier, même avec estimation,
- ustensiles aratoires, échalas, etc.,
- semences,
- pigeons des colombiers, non des volières,
- lapins des garennes, non des clapiers,
- ruches à miel, non vers à soie,
- poissons des étangs, non des viviers,
- pressoirs, chaudières, alambics, cuves, tonnes,
- ustensiles, machines, outils et chevaux des usines,
- mobilier et linge d'un hôtel,
- pailles et engrais, non foins et fourrages,
- vases et tableaux des églises,
- gibier gardé dans un parc.

choses mobilières, placées par le propriétaire à perpétuelle demeure
- objets scellés à chaux, à plâtre, à ciment,
- objets ne pouvant être détachés sans fracture ou détérioration,
- glaces, tableaux d'un appartement, quand le parquet fait corps avec la boiserie,
- statues placées dans des niches, ou sur des piédestaux fixés au sol,
- clefs des serrures,
- pompes à feu, volets mobiles d'une boutique, etc.

3° par l'*objet auquel ils s'appliquent*
- droit de propriété,
- usufruit des choses immobilières,
- droits d'usage, d'habitation,
- droits de superficie, d'emphytéose,
- servitudes ou services fonciers,
- concessions de terrains dans les cimetières,
- actions immobilières (en réméré, en résolution, etc.).

Meubles

1° par *nature*, susceptibles de déplacement

par *eux-mêmes* : les animaux;

par l'*effet d'une force étrangère* :
- grains coupés, fruits détachés,
- coupes ordinaires abattues,
- bateaux, bacs, navires,
- moulins et usines sur bateaux,
- matériaux de démolition,
- matériaux assemblés pour construire, non ceux détachés pour être réparés,
- maison vendue pour être démolie.

2° par *détermination de la loi*
- *actions* ayant pour objet une obligation de faire;
- *actions* et *créances*, même hypothéquées, ayant pour objet des meubles;
- *rentes* viagères — elles ne sont pas rachetables;

rentes perpétuelles
- *foncières*, pour aliénation d'un héritage,
  - peuvent être stipulées *non rachetables pendant 30 ans* au plus;
  - conditions du rachat *au gré des parties*;
- *constituées*, pour aliénation d'un capital,
  - peuvent être stipulées *non rachetables pendant 10 ans* au plus (1911 al. 2 C.);
  - prix du rachat calculé d'*après le taux légal*;

actions et intérêts dans les compagnies
- de finance,
- de commerce,
- d'industrie,
  - *tant que dure la société*;
  - lorsqu'ils tendent à réclamer des meubles;

- usufruit des meubles.

BIENS DANS LEUR RAPPORT AVEC CEUX QUI LES POSSÈDENT.

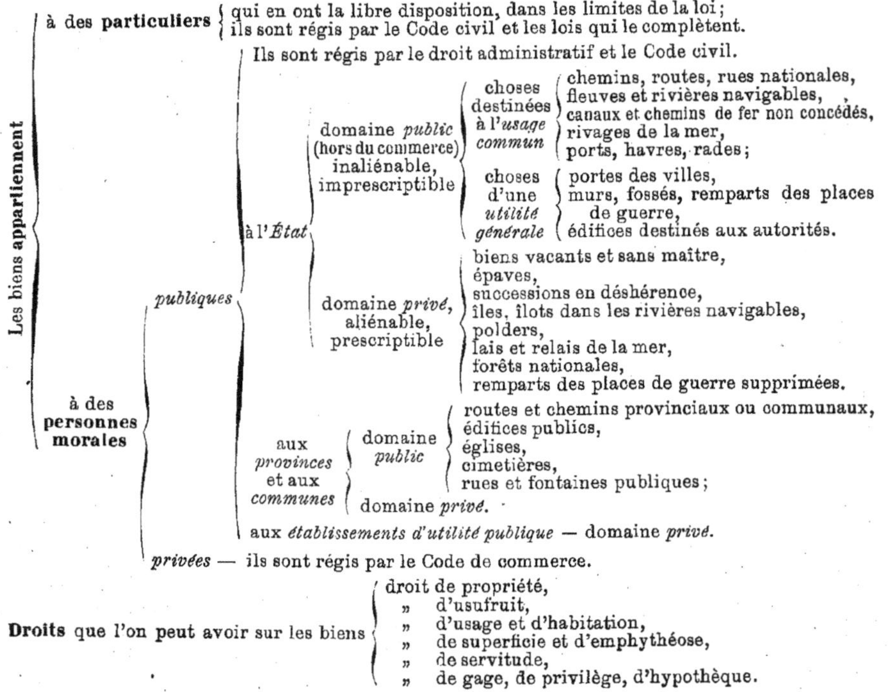

Les biens appartiennent

à des **particuliers** { qui en ont la libre disposition, dans les limites de la loi; ils sont régis par le Code civil et les lois qui le complètent.

à des **personnes morales** : Ils sont régis par le droit administratif et le Code civil.

publiques

à l'*État*

domaine *public* (hors du commerce) inaliénable, imprescriptible

choses destinées à l'*usage commun* : chemins, routes, rues nationales, fleuves et rivières navigables, canaux et chemins de fer non concédés, rivages de la mer, ports, havres, rades;

choses d'une *utilité générale* : portes des villes, murs, fossés, remparts des places de guerre, édifices destinés aux autorités.

domaine *privé*, aliénable, prescriptible : biens vacants et sans maître, épaves, successions en déshérence, îles, îlots dans les rivières navigables, polders, lais et relais de la mer, forêts nationales, remparts des places de guerre supprimées.

aux *provinces* et aux *communes*

domaine *public* : routes et chemins provinciaux ou communaux, édifices publics, églises, cimetières, rues et fontaines publiques;

domaine *privé*.

aux *établissements d'utilité publique* — domaine *privé*.

privées — ils sont régis par le Code de commerce.

Droits que l'on peut avoir sur les biens { droit de propriété,
" d'usufruit,
" d'usage et d'habitation,
" de superficie et d'emphythéose,
" de servitude,
" de gage, de privilège, d'hypothèque.

TITRE II. — **Propriété** (Art. 544 à 577).

La **Propriété** est

le droit d'*user*, de *jouir* et de *disposer* de la manière *la plus absolue; irrévocable*, sauf l'effet de la condition résolutoire ou de la nullité de l'acte;

restreinte par les lois et règlements concernant

l'utilité *générale* :
- servitudes légales,
- servitudes forestières,
- servitudes résultant d'une concession de mines,
- expropriation pour cause d'utilité publique,
- dessèchement des marais,
- alignements,
- établissements insalubres;

l'utilité *des particuliers* : résultant de la volonté de l'homme, ou de la nécessité de respecter les droits des autres.

Modes d'acquérir la propriété

modes **universels** : successions, legs universels; — Voir Livre III.

modes particuliers

occupation, usucapion, conventions, legs particuliers,

accession — sur ce qui s'unit à la chose

sur les *produits* et *fruits* : *naturels, industriels, civils,* qui appartiennent
- au *propriétaire*, à condition de rembourser les frais de labours, travaux et semences faits par les tiers;
- au *possesseur de bonne foi,* (par perception, ou jour par jour) qui possède comme propriétaire, en vertu d'un titre transl.tif dont il ignore les vices.

choses immobilières

industriellement (de meuble à immeuble)

la propriété du sol emporte la *propriété du dessus et du dessous,* (sauf les restrictions légales);
les constructions et travaux sont censés faits par le propriétaire;

si le propriétaire du sol a employé les *matériaux d'autrui* :
- il doit la valeur des matériaux;
- il doit même des dommages-intérêts; le propriétaire des matériaux ne peut les revendiquer;

si le propriétaire des matériaux a bâti sur le *terrain d'autrui* :
- de *bonne foi,* le propriétaire du sol ou remboursera la *dépense,* ou paiera la *plus-value;*
- de *mauvaise foi,* le propriétaire du sol ou retiendra les matériaux, en remboursant la *dépense,* ou obligera le constructeur à les *enlever* à ses frais, et même à payer des *dommages-intérêts.*

naturellement (d'immeuble à immeuble)

alluvion, ou accroissement par lais ou relais : appartient *aux riverains* (des rivières, non des lacs, étangs ou canaux); à charge d'un marchepied

avulsion, ou enlèvement d'un terrain :
- le propriétaire peut le revendiquer, tant qu'il n'y a pas prise de possession;
- s'il y a prise de possession, il doit le *revendiquer dans l'année;*

îles, îlots :
- dans les rivières navigables, appartiennent à *l'État;*
- dans les rivières non navigables, appartiennent *aux riverains,* jusqu'au milieu du lit;

lit abandonné, appartient aux propriétaires *dépossédés* nouvellement;
pigeons, lapins, poissons et gibier, qui passent dans la propriété d'un autre, appartiennent aux propriétaires chez qui ils sont entrés sans fraude.

choses mobilières

adjonction de deux choses séparables :
- le tout appartient *au maître de la chose principale* en nature, en valeur, ou en volume; à charge de *payer la valeur* de l'autre,
- si la chose unie à l'insu du propriétaire a une grande valeur, celui-ci *peut la reprendre.*

spécification, ou transformation en une chose nouvelle :
- le propriétaire de la matière peut la réclamer, en *remboursant la main-d'œuvre;*
- si la main-d'œuvre surpasse la matière, l'ouvrier garde la chose, en *remboursant le prix de la matière;*
- si la matière appartient en partie à l'ouvrier, la chose est *en commun.*

mélange, ou confusion :
- choses d'*égale valeur* : *division,* si la séparation est possible; *copropriété,* dans le cas contraire, et licitation;
- choses de *valeur inégale* : le maître de la matière supérieure peut *réclamer le tout,* sauf indemnité.

Le propriétaire, à l'insu duquel sa matière a été employée, peut aussi demander ou la *restitution de sa matière,* en même nature, quantité, etc., ou la *valeur de sa chose,* et des *dommages-intérêts.*

TITRE III. — **Usufruit, Usage et Habitation** (Art. 578 à 636).

CHAPITRE I. — *Usufruit* (Art. 578 à 624).

USUFRUIT

- droit d'*user* et de *jouir* des choses dont un autre a la propriété
  - à charge d'en *conserver la substance;*
  - à charge d'en *rendre de pareille quantité et qualité,* si elles se consomment par l'usage;
- droit *réel* temporaire, soumis à la *transcription;*
- peut être établi sur *tous biens,* meubles ou immeubles, corporels ou incorporels;
- s'ouvre
  - dès que l'enfant a des biens personnels;
  - dès l'époque fixée par la convention;
  - dès le jour de la demande du légataire de l'usufruit (controv.).

Modes d'acquisition

- *loi*
  - au profit des *père et mère,* sur les biens des mineurs de 18 ans (384 C.);
  - au profit du *survivant des père et mère,* sur le tiers des biens auquel il ne succède pas en propriété (754 C.);
  - au profit des *époux divorcés* par consentement mutuel, sur la portion des biens attribués à leurs enfants mineurs (305 C.);
- *volonté de l'homme*
  - donation,
  - testament,
  - vente, etc.;
- *usucapion* de 10 ou 20 ans, s'il y a titre et bonne foi, et prescription de 30 ans (2265 C.);
- *possession,* si l'usufruit est établi sur un meuble.

Droits et obligations du nu propriétaire

- droit
  - de *disposer* de la chose;
  - de *consentir des droits réels;*
  - de percevoir les *produits,* non les fruits;
  - de ne pas rebâtir
    - ce qui est tombé de vétusté,
    - ce qui a péri par cas fortuit.
- obligation
  - de *laisser jouir* l'usufruitier;
  - de ne *rien faire qui nuise* à la jouissance;
  - de *faire les grosses réparations* (controv.).

Droits de l'usufruitier

- demander la *délivrance* de la chose;
- *user* et *se servir* de la chose comme le propriétaire
  - droit de chasse et de pêche;
  - aucune indemnité pour les choses qui se détériorent par l'usage;
- percevoir les *fruits*
  - *naturels*
    - produits spontanés de la terre et des arbres,
    - croît des animaux,
  - *industriels,* obtenus par la culture,
    - acquis *par perception;*
    - en observant
      - l'ordre et la quotité des coupes de bois;
      - l'usage des lieux;
    - sans indemnité
      - pour frais de labours et semences,
      - pour les coupes non faites;
  - *civils*
    - loyers et fermages,
    - intérêts,
    - arrérages des rentes
      - perpétuelles,
      - viagères,
    - acquis *jour par jour;*
- répéter, à la fin de l'usufruit, le capital (sans intérêts)
  - des charges extraordinaires,
  - des frais des procès concernant la propriété,
  - des grosses réparations,
  - des dettes dont il ne devait que l'intérêt,
  - qu'il a payés pour le nu propriétaire;
- consommer les *choses fongibles*
  - argent,
  - grains,
  - denrées, etc.
  - à charge d'en rendre de pareille quantité et qualité, ou leur estimation;
- *céder* et *louer* son droit, ou l'hypothéquer;
- ne pas rebâtir
  - ce qui est tombé de vétusté,
  - ce qui a péri par cas fortuit;
- il ne peut toucher
  - aux arbres de haute futaie *non mis en coupe réglée,* sauf
    - pour réparations,
    - pour échalas, etc.;
  - aux arbres fruitiers
    - sauf à ceux morts ou brisés par accident, à charge de les remplacer;
  - aux mines, carrières et tourbières *non ouvertes;*
  - au trésor découvert *par un tiers;*
- il ne peut réclamer au propriétaire les constructions et *améliorations* qu'il a faites (controv.).

CHAPITRE I. — *Usufruit* (Art. 578 à 624 (suite).

Obligations de l'usufruitier

à l'entrée en jouissance

dresser l'*inventaire* des meubles, l'*état* des immeubles ;

donner *caution*, excepté le père et la mère ayant l'usufruit légal ; celui qui en est dispensé par son titre ; le vendeur et le donateur avec réserve d'usufruit ;

à défaut de caution les immeubles sont loués, les sommes sont placées, les denrées sont vendus ; les meubles — l'usufruitier jouit des intérêts.

pendant le *cours* de la jouissance

conserver la substance de la chose, jouir en bon père de famille ; il répond de *toute faute* ;

employer la chose à l'usage auquel elle est destinée ;

faire à ses frais les *réparations d'entretien*, les grosses réparations occasionnées par sa faute ;

acquitter les contributions et *charges annuelles* des fruits, les intérêts des charges extraordinaires ;

payer les frais des procès concernant la jouissance, les intérêts des procès concernant la propriété ;

dénoncer au propriétaire les usurpations commises ;

rendre le *cuir* de l'animal péri du troupeau péri en entier sans sa *faute* ;

remplacer, jusqu'à concurrence du croît *futur*, les animaux péris par cas fortuit ;

contribuer *aux dettes* pour sa part — s'il est légataire — d'un *usufruit universel*, ou il *fait l'avance* du capital, qu'il peut répéter sans intérêts ; — d'un *usufruit à titre universel*, ou le propriétaire paie, et lui réclame les intérêts ; fait *vendre* une partie des biens soumis à l'usufruit ; — non, s'il est usufruitier à *titre particulier*.

à la *cessation* de l'usufruit

rendre la chose ; *payer* les dommages causés par sa faute ; *restituer* les fruits indûment perçus ; rendre des choses fongibles de *même espèce et qualité*, ou leur estimation.

Cessation

mort de l'usufruitier ;

expiration du temps convenu même si l'usufruit est accordé jusqu'à ce qu'un tiers ait un âge fixe, et que le tiers soit mort avant cet âge ;

consolidation, ou réunion des deux qualités sur la même tête ;

non-usage pendant 30 ans ;

perte totale de la chose non perte partielle ; non destruction du bâtiment, si l'usufruit est sur le domaine ;

abus de jouissance, si les tribunaux l'admettent ;

renonciation, sauf le droit d'intervention des créanciers (1167 C.) ;

usucapion de la liberté du fonds par un tiers ;

résolution du droit du constituant ;

laps de 30 *ans*, si l'usufruit est accordé à une personne morale.

CHAPITRE II. — *Usage et Habitation* (Art. 625 à 636).

USAGE

droit de retirer d'une chose les *services* et les *fruits* pour *les besoins* de l'usager, pour *ceux de sa famille* conjoint, enfants, même adoptifs, parents habitant avec lui, domestiques ;

s'établit, se règle et s'éteint comme l'usufruit ; *incessible* et *insaisissable*.

Droits de l'usager

s'il absorbe tous les fruits, il est mis en possession du fonds ; s'il n'absorbe qu'une partie des fruits, le propriétaire les lui remet.

Obligations de l'usager

s'il est mis en possession, il est tenu des obligations de l'usufruitier caution, inventaire, *frais de culture*, *réparations* d'entretien, *contributions* ;

s'il n'est pas mis en possession pas de caution, pas d'inventaire ; il doit sa part des *frais de culture*, des *réparations*, des *contributions*.

HABITATION

droit d'*usage d'une maison* pour l'usager et sa *famille* ; donne les mêmes droits et obligations que ceux de l'usager ; *incessible* et *insaisissable* ; s'établit et s'éteint comme le droit d'usage.

TITRE IV. — **Servitudes** (ART. 637 à 710).

CHAPITRE I. — *Servitudes naturelles* (ART. 637 à 648).

Servitude
- **Charge** imposée *sur un héritage*, pour l'usage et l'utilité d'un héritage appartenant *à un autre* propriétaire;
- droit *réel, incorporel immobilier, accessoire* du fonds, indivisible et perpétuel;
- démembrement du droit de propriété;
- jamais imposée sur des meubles, ni au profit d'une personne.

Servitudes naturelles relatives

aux Eaux

1. eaux découlant *naturellement* du fonds supérieur
   - le fonds inférieur *doit les recevoir* : non les eaux de ménage, non les eaux des toits, non les eaux d'usine, etc ;
   - on ne peut faire aucun ouvrage qui rende l'écoulement *plus difficile*;
   - le propriétaire supérieur *ne peut aggraver* cette servitude.

2. eaux de *source* ou de *pluie*
   - le propriétaire du terrain peut *en user à sa volonté*;
   - une servitude peut être acquise par :
     - le *propriétaire inférieur* : par *prescription* de 30 ans, à partir des ouvrages apparents, faits même sur son fonds (controv.);
     - une *commune* : si l'eau est nécessaire à ses habitants; sans titre ni usucapion.

3. eaux des *rivières*
   - qui *bordent* un terrain; les riverains : peuvent *s'en servir* au passage, sans en changer le cours; doivent respecter les droits des autres;
   - qui *traversent* un terrain; le propriétaire du terrain peut *en user* dans l'intervalle, il doit rendre à sa sortie l'eau à son *cours naturel.*

4. *irrigations* (loi 27 avril 1848)
   - les propriétaires inférieurs *doivent recevoir* les eaux : détournées par les riverains *pour irriguer;* déversées pour *dessécher* un marais, un terrain submergé
   - les propriétaires opposés *doivent permettre* l'appui d'un *barrage*, et peuvent se servir de ce barrage;
   - moyennant indemnité préalable fixée par le tribunal.

5. *drainage* (loi 10 juin 1851)
   - les propriétaires inférieurs *doivent souffrir* l'ouverture de *rigoles* souterraines ou à ciel ouvert, pour dessécher un terrain humide;

au Bornage
- les propriétaires contigus doivent *contribuer aux frais* du bornage;
- l'action en bornage est *imprescriptible;*
- l'action appartient : au possesseur de bonne foi, à l'usufruitier et à l'usager, à l'emphytéote, et non au fermier;
- l'action est portée devant le *juge de paix* (loi 25 mars 1876, art. 3 n° 10).

à la Clôture
- tout propriétaire peut se clore, s'il n'est pas soumis au droit de passage;
- il perd, à proportion, son droit : au *parcours*, à la *vaine pâture.*

CHAPITRE II. — *Servitudes légales* (Art. 649 à 685).

Servitudes légales, établies pour

l'utilité publique ou communale
- *marchepied* (3m 33),
- chemin de *halage* (8 mètres), } le long des rivières navigables ou flottables;
- *construction* et *réparation* des chemins, etc.

l'utilité des particuliers — **Mitoyenneté**

d'un mur
- peut être réclamée *par tout propriétaire* joignant le mur, en remboursant la moitié { de la valeur du mur, de la valeur du terrain ;
- est présumée
  - entre *bâtiments*, jusqu'à l'héberge,
  - entre *cours et jardins*,
  - entre *enclos* dans les champs,
  - sauf titre ou marque du contraire { sommité du mur droite d'un côté ; chaperon. filets ou corbeaux d'un côté ;
- oblige les propriétaires à le *réparer à frais communs*, à moins d'abandonner la mitoyenneté ;
- ne peut être abandonnée
  - quand le mur *soutient le bâtiment* de celui qui veut renoncer ;
  - quand les réparations proviennent *de son fait;*
  - quand il y a *obligation de se clôturer* (controv.).
- donne à chaque propriétaire le droit
  - de *bâtir contre* le mur,
  - d'y appuyer des *ouvrages*,
  - d'y placer des *poutres*,
  - de le faire *exhausser*,
  } avec le consentement du voisin, ou à dire d'experts, à charge de supporter seul les frais ;
- empêche l'un des propriétaires d'y *pratiquer des ouvertures*, sans le consentement de l'autre ;
- permet au voisin d'*acquérir la partie exhaussée*, à charge de payer la moitié de la dépense et du sol fourni ;
- peut être *imposée*, dans les villes et faubourgs, jusqu'à 3m 20 ou 2m 60, selon la population.

d'un fossé
- s'acquiert par *titre* et par *prescription;*
- *ne peut être acquise* sans le consentement du propriétaire ;
- est *présumée*, s'il n'y a titre ou marque du contraire } levée ou rejet d'un côté ;
- oblige les propriétaires à l'*entretenir à frais communs*, à moins d'abandonner la mitoyenneté.

d'une haie
- s'acquiert par *titre* ou par *prescription;*
- *ne peut être acquise* sans le consentement du propriétaire ;
- est *présumée* { si les *deux héritages sont clos;* si *aucun des deux héritages n'est clos;*
- entraîne la mitoyenneté des arbres qui s'y trouvent, sauf le droit pour chaque voisin de réclamer leur enlèvement ;
- oblige les propriétaires à l'*entretenir à frais communs*.

d'une maison
- met à la charge de tous les propriétaires, chacun pour sa part,
  - les *impôts*,
  - les réparations
    - aux *gros murs* et au *toit*,
    - à la porte commune,
    - au *vestibule*, *cour*, *jardin*, *cabinet* d'aisances,
    - à la *cave* et à l'escalier de la cave.
    - au *grenier* et à l'escalier du grenier ;
- met à charge du propriétaire de chaque étage { le *plancher* sur lequel il marche, l'*escalier* qui y conduit;
- si la maison est démolie et reconstruite, les servitudes renaissent, pourvu qu'elles ne soient pas prescrites.

Servitudes légales, établies pour **l'utilité des particuliers** (*suite*)

Plantations d'arbres

ne peuvent se faire qu'à *la distance prescrite* par les règlements et usages; ou qu'à 2 *mètres*, pour les arbres de haute tige, qu'à 0ᵐ50, pour les autres arbres et haies vives, de la ligne séparative;

donnent droit au voisin de contraindre le propriétaire à *couper les branches* qui dépassent; de *couper lui-même les racines;* d'*exiger l'abatage* des arbres existant à une moindre distance depuis moins de 30 ans;

donnent au propriétaire des arbres plantés à une distance moindre, depuis plus de 30 ans, le droit de *les conserver tels*, mais non de les remplacer (controv.);

obligent le voisin, qui n'a pas fait couper les branches qui dépassent, à laisser prendre sur son fonds les fruits tombés.

Ouvrages nuisibles

puits, fosse d'aisances, cheminée, âtre, forge, four, fourneau, étable, magasin à sel, etc., contre le mur mitoyen ou contre le mur d'autrui, ne peuvent être faits qu'à *la distance* prescrite par règlements ou usages; réglée à dire d'experts; sauf dommages-intérêts.

Vues et jours

dans le *mur mitoyen*, ne peuvent être pratiqués sans le consentement des deux copropriétaires;

dans le *mur non mitoyen* construit sur la ligne séparative: des *jours* peuvent être pratiqués à verre dormant et à treillis à fer maillé à 2ᵐ60 au dessus du plancher du rez-de-chaussée; à 1ᵐ90 au dessus du plancher des étages; des *vues* ne peuvent pas être établies;

non construit sur la ligne séparative: des *jours* peuvent toujours être pratiqués à verre dormant; des *vues* droites et balcons, à 1ᵐ90 obliques, . . à 0ᵐ60 de la propriété voisine;

n'empêchent pas le voisin de bâtir ou planter devant à moins de convention contraire, à moins de destination du père de famille, même s'ils existent depuis plus de 30 ans (controv.); de les boucher, en acquérant la mitoyenneté du mur (controv.).

Egout des toits ne peut se déverser sur la propriété voisine, à moins de titre ou de prescription contraire.

Droit de passage

est dû à *tout propriétaire* enclavé; n'ayant qu'une issue insuffisante; sauf indemnité;

n'est pas dû *par les tiers*, si l'enclave résulte d'un partage, d'une vente;

doit être pris du côté où le trajet est le *plus court*, le *moins dommageable;*

est *imprescriptible*, mais ne peut s'acquérir que par titre; non par prescription;

cesse quand l'enclave cesse; quand le fonds est réuni à un fonds non enclavé.

CHAPITRE III. — *Servitudes établies par le fait de l'homme* (Art. 686 à 710).

Les servitudes sont
- *urbaines* ou *rurales,* selon qu'elles sont établies pour les bâtiments ou pour les fonds de terre ;
- *continues* ou *discontinues,* selon qu'elles n'ont pas besoin du fait actuel de l'homme ou qu'elles en ont besoin ;
- *apparentes* ou *non apparentes,* selon qu'elles s'annoncent par des signes extérieurs ou non ;
- *positives* ou *négatives,* selon qu'elles permettent ou défendent certains actes.

Les servitudes

continues et apparentes s'acquièrent
- par *titre* {convention / testament} émanant { du propriétaire servant capable ; / de l'usufruitier, pendant l'usufruit ;
- par *prescription de* 30 *ans,* à partir de l'achèvement des ouvrages extérieurs ;
- par *destination du père de famille,* { quand les deux fonds ont appartenu au même propriétaire, / quand c'est ce propriétaire antérieur qui a établi la disposition des lieux.

continues et non apparentes et discontinues s'acquièrent
- par titre ;
- par un *titre récognitif* émané du propriétaire actuel.

Le propriétaire du fonds dominant
- a le droit de faire à ses frais tous les *ouvrages nécessaires à l'exercice* de la servitude ;
- a les *actions possessoires* contre celui qui le trouble dans cet exercice ;
- a l'obligation { de *ne pas aggraver* la position du fonds servant, même en cas de division du fonds dominant ; / de ne pas céder la servitude sans le fonds ; / de n'exercer la servitude que *selon son titre* ou la possession.

Le propriétaire du fonds servant
- ne peut rien faire qui *diminue l'exercice* de la servitude ;
- doit accorder au propriétaire dominant *tout ce qui est nécessaire* à cet exercice ;
- peut offrir au propriétaire dominant un autre endroit *aussi commode* pour cet exercice ;
- peut se libérer *en abandonnant le fonds* assujetti en entier.

Les servitudes s'éteignent par
- *impossibilité* d'en user — elles revivent si cette impossibilité n'a pas duré 30 ans ;
- *confusion* — elles revivent si les fonds sont séparés de nouveau (694) ;
- *non-usage pendant* 30 *ans* (même par force majeure (controv.)) { pour les servitudes discontinues, à compter du dernier acte d'exercice ; / pour les servitudes continues, à compter d'un acte *contraire* ; / le mode d'exercice se prescrit de même ;
- *usucapion de la liberté* du fonds *pendant* 10 *ou* 20 *ans,* par un acquéreur *a non domino,* avec juste titre et bonne foi ;
- *renonciation* expresse ou tacite ;
- *résolution* du droit du constituant { si elles sont constituées au profit d'un autre fonds ; / non si elles sont constituées au profit du fonds du constituant ;
- *expropriation* pour cause d'utilité publique.

TITRE V. — **Emphytéose et Superficie** (Lois 10 JANVIER 1824).

APPENDICE

L'EMPHYTÉOSE

est un droit *réel* consistant dans la *pleine jouissance* d'un *immeuble*,
à condition de payer au propriétaire une *redevance annuelle* { en argent, ou en nature.

est établie
- par le propriétaire capable, { par titre, par prescription ;
- sur des immeubles ;
- pendant 27 à 99 ans, sauf reconduction.

donne à l'emphytéote
- *tous les droits* du propriétaire, sauf le droit d'aliéner ;
- la faculté { d'aliéner ou d'hypothéquer son droit ; de grever le fonds de servitudes pendant sa durée ; d'enlever les constructions et plantations par lui faites.

oblige l'emphytéote
- à *ne pas diminuer* la valeur du fonds ;
- à *remplacer* les arbres morts ou abattus dont il a profité ;
- à *entretenir* l'immeuble, et à y faire les réparations ;
- à *supporter* les impositions ordinaires et extraordinaires ;
- à *payer* la redevance, sans remise { pour diminution de jouissance, pour privation entière de moins de 5 ans.

permet au propriétaire
- d'*aliéner* sa propriété ;
- de *contraindre* l'emphytéote *à payer* la redevance, même par exécution parée ;
- d'obliger l'emphytéote à des *dommages-intérêts* pour négligence ou défaut d'entretien ;
- d'exercer un droit de *rétention* sur les constructions et plantations faites, jusqu'à l'acquittement du dommage causé par leur enlèvement.

s'éteint par
- confusion ;
- destruction du fonds ;
- prescription de 30 ans ;
- expiration du temps ;
- abus grave de jouissance ;
- usucapion de la liberté du fonds ;
- résolution du droit du constituant ;
- renonciation ;
- expropriation pour cause d'utilité publique.

LA SUPERFICIE

est un droit *réel* consistant à avoir des *bâtiments ou plantations sur le fonds d'autrui ;*

est établie
- par le propriétaire capable, { par titre, par prescription ;
- sur des immeubles ;
- pour 50 ans au plus, sauf renouvellement.

donne au superficiaire
- le droit {
  - d'*aliéner* et d'*hypothéquer* son droit, de grever le fonds de servitudes pendant sa durée ;
  - d'*enlever* les ouvrages faits { par le propriétaire, s'il en a payé la valeur ; par lui-même, s'il remet le fonds dans l'état où il l'a reçu ;
  - de *retenir* les ouvrages repris par le propriétaire, jusqu'au paiement du prix ;
- l'obligation de *payer la redevance* convenue.

permet au propriétaire
- de *vendre* ou *céder* son droit ;
- de *reprendre*, à l'expiration, les bâtiments et plantations faits par le superficiaire, à charge d'en payer la valeur actuelle.

s'éteint par
- confusion ;
- destruction du fonds ;
- prescription de 30 ans ;
- expiration du temps ;
- inexécution des clauses et conditions ;
- usucapion de la liberté du fonds ;
- résolution du droit du constituant ;
- renonciation ;
- expropriation pour cause d'utilité publique.

FIN DU LIVRE II.

LIVRE III. — DIFFÉRENTES MANIÈRES DONT ON ACQUIERT LA PROPRIÉTÉ.

DISPOSITIONS GÉNÉRALES (ART. 711 à 717).

Modes d'acquérir { *originaires* ou *dérivés*, selon qu'on acquiert la propriété d'une chose qui n'appartient à personne, ou qui appartient à autrui;
à *titre onéreux* ou à *titre gratuit*, selon que l'acquéreur fournit ou non l'équivalent de ce qu'il reçoit;
à *titre universel* ou à *titre particulier*, selon qu'on acquiert { la totalité ou une quote-part, un ou plusieurs objets déterminés seulement;

La propriété des choses susceptibles d'appropriation s'acquiert { par successions *ab intestat*, successions testamentaires (ou donations testamentaires), donations entre-vifs, l'effet des obligations, prescription, loi (384, 563), tradition ou remise de la possession, occupation, perception (585).

Choses sans maître { celles dont l'usage est *commun à tous* (*res communes, res nullius*), n'appartiennent à personne; les autres choses appartiennent à *l'Etat*, qui en règle dans certains cas l'acquisition par occupation.

Occupation {
Chasse { permis de port d'armes; temps limité, sauf si la propriété est close; permission du propriétaire du fonds (loi 18 février 1882).
Pêche (loi 19 janvier 1883).
Invention {
d'un *trésor* { chose cachée, sans propriétaire, découverte par hasard; } il **appartient** { *en entier* à celui qui le trouve dans son fonds; *par moitié* au propriétaire et à l'inventeur, s'il est découvert fortuitement sur le fonds d'autrui.
d'une *épave* { chose que la mer rejette, chose perdue ou égarée, etc. } { elle appartient à l'inventeur au bout de 30 ans; quelquefois elle est vendue au profit de l'Etat, et le **prix peut** en être réclamé pendant un certain temps.

TITRE I. — Successions (ART. 718 à 892).

CHAPITRE I ET II. — *Ouverture des successions, Saisine et Capacité des héritiers* (ART. 718 à 730).

Les successions

s'ouvrent
- par la *mort* naturelle ;
- par l'envoi en possession définitif — dont les effets cessent par le retour de l'absent ;
- au domicile du défunt { les scellés *peuvent* être apposés ; dans certains cas, les scellés *doivent* être apposés.

sont dévolues, en cas de *comourants* dans le *même événement,*
- s'ils étaient appelés *à succéder l'un à l'autre* ab intestat, à *défaut de preuves* :
  - à celui dont la survie peut être *prouvée* { par témoins, par présomptions ;
  - s'ils avaient tous moins de 15 ans, *au plus âgé ;*
  - s'ils avaient plus de 15 ans et moins de 60 ans { *à l'homme,* si la différence d'âge n'excède pas un an ; *au plus jeune,* dans les autres cas, peu importe le sexe ;
  - s'ils avaient tous plus de 60 ans, *au plus jeune ;*
  - si l'un avait moins de 15 ans et l'autre plus de 60 ans } *au plus jeune ;*
  - si l'un avait moins de 15 ans ou plus de 60 ans, et l'autre de 15 à 60 ans, } à celui *âgé de 15 à 60 ans.*
- s'ils ne devaient succéder l'un à l'autre que *par testament,* aux *héritiers* naturels de chacun d'eux ;
- si *l'un d'eux seulement* était appelé à la succession de l'autre, aux ayants droit qui prouvent la survie de leur auteur.

sont déférées
- aux *héritiers légitimes,* parents jusqu'au 12e degré { descendants, ascendants, collatéraux, } *représentant* le défunt, *continuant sa personne, saisis* de plein droit de ses biens, droits et actions. tenus de ses dettes *ultra vires* { sauf acceptation sous bénéfice d'inventaire ; sauf renonciation.
- à leur défaut, aux *enfants naturels,* aux *père et mère naturels,* aux *frères et sœurs naturels,* au *conjoint* survivant, à l'*État,* { *ne représentant* pas le défunt, ne succédant qu'*aux biens,* devant se faire *envoyer en possession,* tenus des dettes jusqu'*à concurrence des biens recueillis* (controv.).

sont refusées
- **pour** *incapacité*
  - à l'individu décédé à l'ouverture de la succession ;
  - à celui *non encore conçu* { *puer conceptus pro nato habetur quoties de ejus commodis agitur;* la conception se prouve par la date de la naissance ; les présomptions de 312 et 315 ne peuvent être invoquées (controv.) ;
  - à l'enfant *né non viable* (la non-viabilité doit être prouvée) ;
  - non aux étrangers (loi 27 avril 1865) ;
  - l'incapacité a lieu *de plein droit.*
- **pour** *indignité*
  - à l'individu, même excusable, *condamné* { pour avoir *donné la mort* au défunt ; pour avoir *tenté* de lui donner la mort ;
  - non à ses complices, ni au meurtrier involontaire ;
  - à celui qui a porté contre le défunt une *dénonciation capitale jugée* calomnieuse ;
  - à l'héritier *majeur* qui n'a *pas dénoncé* le meurtre du défunt { non au mineur, dément, interdit ; non à celui qui ignorait le meurtre ; non aux descendants et ascendants du meurtrier ; non au conjoint du meurtrier ; non à ses parents et alliés jusqu'au 3e degré.
  - même au coupable pardonné.
  - Elle a lieu *de plein droit* { dès l'ouverture de la succession ; *sans jugement spécial* qui la prononce (controv.) ; même si le coupable est *décédé avant* le défunt (controv.).
  - Elle produit les effets suivants : { l'indigne n'a pas la saisine ; il est possesseur de mauvaise foi et doit rendre tous les fruits (729) ; ses héritiers { ne peuvent le représenter (730) (controv.) ; ne peuvent venir à la succession que de leur chef ; il n'a pas l'usufruit légal sur les biens provenant de cette succession.

La saisine

- **est** l'investiture *légale* et *immédiate* de tous les biens, droits, actions et obligations du défunt ;
- **appartient** { aux *héritiers réservataires ;* aux *légataires universels,* à défaut de réservataires ; aux *autres héritiers* légitimes.
- **a pour effet**
  - d'investir de plein droit l'héritier légitime de la *possession* des biens du défunt ;
  - de permettre à l'héritier légitime { de se mettre *immédiatement* en possession, sans formalités ; d'exercer les *actions possessoires* du défunt ;
  - de l'obliger à répondre aux actions dirigées contre le défunt, sauf l'exception dilatoire.

CHAPITRE III. — *Divers ordres d'héritiers légitimes* (ART. 731 à 755).

La loi ne considère
- ni la *nature* des biens,
- ni l'*origine* des biens, sauf pour les successions anomales
  - de l'adoptant (351),
  - de l'ascendant donateur (747),
  - des frères et sœurs légitimes de l'enfant naturel (766).

Ordres d'héritiers légitimes

Classes *s'excluant* les unes les autres;

1° Descendants (légitimes ou adoptifs)
- à *l'infini*, sans distinction de sexe ni de primogéniture;
- partageant
  - par *tête*, s'ils sont appelés de leur chef;
  - par *souche*, dans les autres cas;

2°

Collatéraux privilégiés — *frères et sœurs* germains, consanguins, utérins, et descendants à l'infini
- sont exclus par les descendants;
- excluent tous autres héritiers, sauf les père et mère;
- *concourent* avec les ascendants privilégiés;
- ont droit
  - à *toute la succession*, s'il n'y a ni père *ni* mère, peu importe qu'ils soient germains ou non;
  - à *la moitié*, s'il y a père *et* mère;
  - aux *trois quarts*, s'il y a père *ou* mère;
- partagent
  - par *tête*, s'ils sont tous du même lit et au 2e degré;
  - par *souche*, s'ils sont tous du même lit et à des degrés différents;
  - en *deux lignes*, s'ils sont de lits différents : germains, dans les deux lignes; consanguins et utérins, chacun dans leur ligne.

Ascendants privilégiés (père et mère)
- sont exclus par les descendants;
- excluent dans leur ligne tous autres héritiers, sauf les frères et sœurs;
- *concourent* avec les collatéraux privilégiés;
- ont droit
  - à *toute la succession*, s'il n'y a ni frère ni sœur;
  - à *la moitié*, s'il y a frère ou sœur, et si tous deux survivent;
  - au *quart*, si le père ou la mère survit seul, ou si l'un d'eux renonce;
- partagent entre eux également, chacun n'ayant droit qu'à un *quart fixe*.
- La part du décédé est dévolue
  - aux collatéraux privilégiés;
  - à leur défaut, aux autres ascendants de sa ligne;
  - à leur défaut, aux collatéraux de la même ligne, sauf l'*usufruit du tiers* au survivant.

3° Ascendants (non privilégiés) dans les 2 lignes ou dans une ligne
- sont exclus par les descendants et par les collatéraux privilégiés;
- excluent les collatéraux non privilégiés de leur ligne;
- ont droit : les ascendants paternels, à *une moitié*, les ascendants maternels, à l'*autre moitié* : le plus proche dans chaque ligne; par *tête*, s'il y en a plusieurs au même degré;
- s'il n'y a d'ascendants que dans une ligne : l'autre moitié des biens est dévolue aux *collatéraux de l'autre ligne*, le père ou la mère survivant a l'usufruit du tiers des biens attribués à l'autre ligne.

4° Collatéraux (non privilégiés) parents jusqu'au 12e degré dans les 2 lignes ou dans une ligne
- exclus
  - par les descendants, et par les ascendants et collatéraux privilégiés;
  - par les ascendants dans chaque ligne;
- ont droit : les collatéraux paternels, à *une moitié*, les collatéraux maternels, à l'*autre moitié* : le plus proche dans chaque ligne; par *tête*, s'il y en a plusieurs au même degré;
  - à la moitié afférente à leur ligne, s'il y a des ascendants dans l'autre;
  - à *toute la succession*, s'il n'y a pas de parents dans une des deux lignes.

Représentation, Retour successoral (Art. 739 à 744, 747).

La Représentation

est une *fiction* de la loi, faisant entrer le représentant dans les droits *que le représenté aurait eus;*

n'a lieu qu'en faveur des { descendants *en ligne directe*, à l'infini; descendants *des frères et sœurs*, à l'infini.

exige chez le représentant les qualités requises pour succéder au *de cujus*.

Ne peuvent représenter: { *a.* celui qui est *indigne* vis-à-vis du *de cujus*, *b.* l'enfant *adoptif*, *c.* l'enfant *naturel reconnu*, } du fils du *de cujus;*

Ne peuvent être représentés : { *a.* les *personnes vivantes*, *b.* les *indignes*, même décédés (controv.), *c.* les *renonçants;*

Peuvent être représentés : { *a.* celui *auquel on ne succède pas* { comme non conçu, comme indigne, comme renonçant; *b.* un *absent* déclaré; *c.* un enfant *adoptif* (controv.); *d.* un enfant *naturel reconnu* (759 C.).

a pour effet { de permettre au représentant d'exercer, dans sa ligne, les droits *qu'aurait eus le représenté*, (avantage acquis à l'insu même du représentant); de faire opérer le partage *par souche*, et non par tête.

Le droit de retour successoral

appartient aux *ascendants donateurs* seuls, même exclus de la succession, ou y renonçant, dans la succession seule de leurs *descendants donataires*, décédés sans postérité ;

porte { sur les biens *par eux donnés* { à n'importe quel titre ; se retrouvant *en nature* dans la succession { non sur ceux acquis { en échange, à titre de remploi ; non sur la somme d'argent existant dans la succession, si la somme donnée n'est pas reconnaissable ; non sur la chose donnée dont le donataire a disposé par testament.

sur le *prix* qui peut en être dû ; sur l'*action en reprise* que pouvait avoir le donataire.

diffère {

du retour conventionnel { en ce qu'il ne doit pas être stipulé ; en ce que les biens retournent grevés des droits réels constitués par le donataire ; en ce que le donateur doit contribuer aux dettes en proportion de ce qu'il reprend ; en ce que le donateur ne peut réclamer des dommages-intérêts pour détérioration ou perte par la faute du donataire ;

de la succession ordinaire { en ce qu'on y considère l'origine des biens ; en ce que le donataire succède à des biens déterminés, et non à une quote-part ; en ce que le droit de retour peut être exercé par des ascendants exclus de la succession par d'autres parents.

n'appartient pas { aux père et mère naturels ; aux héritiers du donateur, à moins qu'il ne soit décédé sans l'avoir exercé.

est empêché { par la présence d'un enfant adoptif (controv.); pour moitié, par la présence d'un enfant naturel reconnu (controv.).

a pour effet { de faire rentrer les biens donnés dans les mains du donateur, *dans l'état où* ils se trouvent ; de faire contribuer l'ascendant *aux dettes* { à proportion de la valeur des biens repris ; non *ultra vires*.

4

CHAPITRE IV. — *Successions irrégulières* (Art. 756 à 773).

Successeurs irréguliers
- enfants naturels reconnus—en concours ou non avec les héritiers légitimes,
- père et mère de l'enfant naturel reconnu,
- frères et sœurs naturels,
- conjoint survivant,
- Etat,
- hospices, dans certains cas.

Enfants naturels

reconnus, volontairement ou judiciairement,

n'ont de droit que sur les biens laissés par le père ou la mère *qui les a reconnus,* non sur les biens des parents de ces père ou mère;
n'ont pas la saisine, et doivent *se faire envoyer en possession;*
excluent tous les autres successeurs irréguliers;

ont droit
- s'il y a des descendants. . . . au *tiers*
- s'il n'y a que des ascendants même dans une seule ligne (controv.) / s'il n'y a que des frères ou sœurs } à la *moitié*
- s'il n'y a que des collatéraux / s'il n'y a que des descendants de frères et sœurs (controv.) } aux *trois quarts*
- s'il n'y a pas de parents au 12e degré, ou si ceux connus sont indignes ou renoncent, } à la *totalité;*

de ce qu'ils auraient eu s'ils eussent été *tous* légitimes, { ils ne peuvent *rien recevoir au delà* de cette part;

ils sont soumis aux formalités prescrites aux autres successeurs irréguliers;

sont *représentés* par leurs descendants légitimes, qui peuvent aussi venir de leur chef (controv.);
doivent *imputer* sur leur part tout ce qui est sujet à rapport;

peuvent être *réduits à la moitié* de leur part
- s'il y a des parents légitimes à l'ouverture de la succession,
- s'ils ont reçu cette moitié du vivant des père ou mère,
- s'ils ont accepté cette donation (controv.);
- si la réduction a été stipulée { expressément, lors de la donation;

ne peuvent réclamer que le *supplément* nécessaire pour parfaire leur moitié, si la portion reçue est inférieure à cette moitié;

ont pour successeurs (les uns à défaut des autres)
- leurs enfants *légitimes,* légitimés et adoptifs;
- leurs enfants *naturels reconnus,* ou les descendants légitimes de ceux-ci;
- le *père* ou la *mère* qui les a reconnus, ou tous les deux par moitié, mais non à titre de retour successoral;
- leurs *frères et sœurs naturels* ou leurs descendants légitimes } (sauf le droit de retour accordé { aux frères et sœurs légitimes, sur les biens { donnés par les père et mère naturels, se retrouvant en nature; non aux descendants de ces frères et sœurs;
- le *conjoint* survivant;
- l'*Etat.*

adultérins ou incestueux
- reconnus *tels par la loi,* c'est-à-dire à la suite { d'une action en désaveu, d'une poursuite pour { adultère, bigamie, rapt;
- n'ont droit qu'à des *aliments* { s'ils sont dans le besoin, si l'état appris est insuffisant;
- n'ont aucun droit { si les père ou mère leur ont fait apprendre un état; si l'un d'eux leur a assuré des aliments;
- ont pour successeurs { leurs enfants *légitimes* et adoptifs; leurs enfants *naturels reconnus* ou leurs descendants; le *conjoint* survivant; l'*Etat.*

Droits du conjoint survivant et de l'État

Le conjoint survivant recueille *toute la succession*

si le défunt est *enfant légitime,* { à défaut de parents au 12e degré ; / à défaut d'enfant naturel reconnu ;

si le défunt est *enfant naturel reconnu,* { à défaut de descendants légitimes ou naturels ; / » de père et mère naturels ; / » de frères et sœurs naturels ;

même s'il était séparé de corps (non s'il était divorcé) ;

même si le mariage était putatif { pourvu que le survivant soit de bonne foi, / pourvu que l'annulation n'ait lieu qu'après le décès.

L'État recueille toute succession *en déshérence*

à défaut de *tout autre* successeur ;
il est représenté par l'administration des Domaines ;
il est dispensé de donner caution ;

il est exclu par les *Hospices* { pour les biens des mineurs y décédés (loi 15 pluv. xii) ; / pour les effets mobiliers apportés par les malades (av. c. d'Et. 5 nov. 1809).

Formalités requises des successeurs irréguliers

apposition des *scellés ;*
inventaire régulier ;
demande d'*envoi en possession* au tribunal du lieu de l'ouverture ;
trois *publications* et *affiches ;*

emploi du mobilier, ou *caution* suffisante { sauf par l'État ; · / déchargée après 3 ans ;

à peine de { dommages-intérêts envers les héritiers, / restitution de tous les fruits, } comme possesseurs de mauvaise foi ;

applicables { aux père et mère naturels, / aux frères et sœurs naturels ;

pour asssurer la restitution des biens aux héritiers qui se présenteraient ;

les actes d'administration restent valables ;

action en pétition d'hérédité pendant 30 ans.

CHAPITRE V. — *Acceptation et Répudiation des successions* (ART. 774 à 814).

SECTION I. — *Acceptation* (ART. 774 à 783, 793 à 810).

L'héritier saisi peut

opposer l'**exception dilatoire**
- à condition de faire inventaire *dans les 3 mois*, prolongés au besoin;
- jusqu'à l'expiration *de 40 jours* après la clôture de l'inventaire;

accepter *purement et simplement, sous bénéfice d'inventaire,* l'effet de l'acceptation *remonte au jour de l'ouverture ;*

renoncer — le renonçant est *censé n'avoir jamais été héritier.*

L'acceptation pure et simple

est la *confirmation volontaire* de la *transmission* des biens opérée en vertu de la loi;

n'est pas nécessaire pour conférer la qualité d'héritier, sauf
- lorsque l'héritier *a d'abord renoncé*, et n'est pas déchu du droit d'accepter encore;
- lorsque l'acceptation est faite par un héritier *du degré inférieur;*

n'est pas obligatoire pour les héritiers : *nul n'est héritier qui ne veut;*

est soumise à la condition
- que la succession soit *ouverte :* toute *stipulation* sur une succession *future* est *nulle;*
- que l'acceptant
  - ait *connaissance* de l'ouverture ;
  - soit *héritier présomptif* du défunt;
  - soit *capable* de s'obliger
    - la femme mariée avec l'autorisation { de son mari; de justice ;
    - le prodigue sous conseil, avec l'assistance de ce conseil;
    - les mineurs / les interdits } par l'intermédiaire du tuteur autorisé, seulement sous bénéfice d'inventaire;
- que l'acceptation soit faite pour l'hérédité entière.

est

expresse, quand elle résulte d'un acte authentique ou privé;

tacite
- quand elle résulte d'un acte posé par l'héritier, { qui *suppose* nécessairement *l'intention* d'accepter, qu'il n'*aurait le droit de faire que comme héritier ;*
- quand l'héritier
  - donne, vend ou transporte *ses droits successifs* { à des cohéritiers; à des étrangers ;
  - *renonce,* même gratuitement, au profit d'*un* ou de *plusieurs* héritiers ;
  - *renonce* au profit de tous ses cohéritiers, lorsqu'il *en reçoit le prix;*
  - *dispose d'une partie* de la succession, hypothèque les immeubles, ou fait des actes d'administration définitive;
- quand l'héritier *divertit* ou *recèle* des effets de la succession { même le mineur (controv.); même la femme mariée;

(l'héritier est privé de tout droit dans les effets divertis).

ne peut être faite au nom des mineurs et des interdits;

a pour effet
- de *confondre les patrimoines* de l'héritier et du défunt;
- d'être *irrévocable,* excepté
  - si elle émane d'un incapable sans les formalités requises;
  - si elle est le résultat du dol ou de la violence ;
  - si l'héritier découvre un *testament inconnu* qui absorbe *plus de la moitié* de la succession; } pendant 30 ans.
  - si la succession a été acceptée en fraude des droits des créanciers (1167);

L'acceptation bénéficiaire

est le droit pour l'héritier de *séparer son patrimoine* de celui du défunt;

peut être faite { par *tous les héritiers* légitimes *saisis;* / par les *légataires* et *donataires* universels *ayant la saisine.*

est imposée { aux *mineurs* et aux *interdits* qui veulent accepter; / aux héritiers { de celui à qui une succession est échue, / qui *ne s'entendent pas* sur le parti à prendre.

doit être faite *expressément*, au *greffe* du tribunal de l'ouverture { par l'héritier en personne, / ou par mandataire spécial; / elle est inscrite sur le registre des renonciations.

peut être précédée {
d'un *inventaire* fidèle et exact { *dans les 3 mois* de l'ouverture, / sauf prolongation accordée;
d'une délibération, *pendant* 40 *jours* depuis la clôture de l'inventaire;
(pendant ces 3 mois et 40 jours, l'héritier *ne peut être contraint* à prendre qualité, et ne peut faire que des actes conservatoires).

n'est pas permise à l'héritier {
quand il a déjà accepté purement et simplement;
quand il a fait acte d'héritier;
quand il a été condamné en qualité d'héritier pur et simple (controv.);
quand il a diverti ou recélé des objets de la succession;
quand il a vendu { des immeubles, / des meubles ou des rentes } sans les formalités prescrites (988, 989 Pr. c.);
après 30 ans à compter de l'ouverture de la succession.

a pour effet {
de faire *cesser la confusion* des deux patrimoines;
de permettre à l'héritier de n'être pas tenu des dettes *ultra vires;*
d'emporter de plein droit la séparation des patrimoines au profit des créanciers de la succession.

donne à l'héritier le droit {
de faire apposer les *scellés;*
de faire les *actes conservatoires;*
de poursuivre les débiteurs de la succession;
de *représenter* l'hérédité en justice;
de conserver les *meubles*, ou de les faire vendre { aux *enchères publiques*, / après *affiches* et *publications;*
de céder { de gré à gré, les *rentes* sur l'Etat de moins de 50 fr. de revenus; / avec autorisation de justice { les rentes sur l'Etat de plus de 50 fr. de revenus; / les *créances* de la succession;
d'abandonner les biens à *tous* les créanciers et légataires, sauf à reprendre l'excédent, s'il y en a;
de réclamer le *paiement de ses créances* vis-à-vis du défunt { contre tout héritier, / ou / contre un curateur au bénéfice d'inventaire.

oblige l'héritier {
à *administrer* les biens de la succession;
à *payer les dettes* et charges jusqu'à concurrence de l'actif;
à *rendre compte* aux créanciers et légataires;
à se laisser contraindre sur ses biens personnels { s'il refuse de *présenter son compte;* / si, le compte présenté, il refuse de *payer le reliquat;*
à payer les *intérêts* { des capitaux reçus, du jour du paiement; / du reliquat de compte, du jour de la demande;
à donner *caution* de la valeur { du mobilier inventorié, / des sommes à recouvrer, / du prix non délégué des immeubles;
(à défaut de caution les meubles sont vendus, et les sommes sont déposées à la Caisse des consignations);
à ne vendre les *immeubles* qu'en suivant les formalités de la *loi du* 12 *juin* 1816;
à *déléguer le prix* des immeubles aux créanciers hypothécaires;
à ne payer les créanciers *opposants* que *dans l'ordre réglé* par le juge;
à payer les créanciers et légataires *non opposants, à mesure qu'ils se présentent,* jusqu'à l'apurement du compte,
sauf *recours des créanciers* non payés, pendant 3 *ans*, contre les *légataires.*

CHAPITRE V. — *Acceptation et Répudiation des successions* (suite).

SECTION II. — *Répudiation* (ART. 784 à 792).

La renonciation

est soumise à la **condition**
- que la succession soit *ouverte* { on *ne peut renoncer* à la succession *d'un vivant ;* on ne peut aliéner ses droits à la succession d'un vivant ;
- que le renonçant ait eu *connaissance* de l'ouverture ;
- qu'il n'ait *pas déjà accepté ;*
- qu'il soit *capable* d'aliéner ;
- qu'il fasse une *déclaration expresse* { au *greffe* du tribunal de l'ouverture, en personne ou par mandataire ;
- qu'il n'ait *ni diverti ni recélé* des objets de la succession.

remonte au jour de l'ouverture :
- les créances de l'héritier contre la succession } *revivent ;* les créances de la succession contre l'héritier
- les aliénations et hypothèques consenties *sont anéanties ;*
- les fruits perçus doivent *être restitués ;*
- l'héritier *reste étranger* à la succession, sauf pour les actes conservatoires faits.

anéantit les effets de la saisine.

laisse **accroître la part du renonçant** { *à ses cohéritiers,* *au degré subséquent,* } c'est-à-dire à ceux auxquels sa présence faisait obstacle ; sans que le cohéritier puisse refuser l'accroissement.

ne permet pas la représentation du renonçant.

peut être **annulée**
- si elle a été faite par un *incapable,* sans les formalités prescrites, } *par le renonçant ;* si elle a été provoquée par *dol* ou *violence,*
- si elle a été faite *en fraude des droits* des créanciers, } *par les créanciers seuls,* jusqu'à concurrence de leurs créances ;
- si le renonçant a *diverti* ou *recélé* des objets de la succession, } *par les cohéritiers,* *par les créanciers,* non par le renonçant lui-même ;

pendant 30 ans.

peut être **révoquée** { *par le renonçant,* *par ses créanciers,* } si la *prescription du droit d'accepter* n'est pas acquise ; si la succession n'a pas *déjà été acceptée* par un autre.

ne peut plus avoir lieu *après* 30 *ans* d'inaction — prescription du droit héréditaire (controv.).

SECTION III. — *Successions vacantes* (ART. 811 à 814).

La succession vacante

est celle
- qui n'est *réclamée par personne* après l'expiration des délais de 3 mois et 40 jours ;
- qui n'a *aucun héritier connu ;*
- dont les héritiers connus *ne se présentent pas ;*
- que les héritiers connus ont *répudiée.*

est administrée par un **curateur salarié**
- nommé par le tribunal, à la diligence de tout intéressé ;
- qui *exerce et poursuit* les droits de la succession ;
- qui répond aux demandes formées contre elle ;
- qui fait vendre { les meubles, aux enchères publiques ; les immeubles, selon la loi du 12 juin 1816 ;
- qui verse le numéraire dans la Caisse des dépôts et consignations, et paie au moyen de mandats ordonnancés par le tribunal ;
- qui est responsable *de toute faute ;*
- qui doit *rendre compte* à l'héritier qui se présente.

APPENDICE. — *Pétition d'hérédité.*

La pétition d'hérédité

est une *action réelle* par laquelle l'héritier *réclame du possesseur* de l'hérédité tout ou partie de la succession ;

peut être intentée

par
- les héritiers légitimes,
- les successeurs irréguliers,
- les légataires / les donataires { universels et à titre universel,
- leurs héritiers et ayants cause ;

contre tout *héritier apparent* { de bonne ou de mauvaise foi, avec ou sans titre ;

pendant 30 ans { à partir de la prise de possession indue, même pour une succession mobilière.

oblige l'héritier apparent

de bonne foi, à restituer
- les objets de l'hérédité *qu'il a conservés ;*
- les profits qu'il a tirés des objets aliénés ;
- les fruits et intérêts, *du jour de la demande ;*

de mauvaise foi, à restituer
- *tous les objets* de l'hérédité et les accessoires ;
- la valeur des objets aliénés, même à titre gratuit ;
- les fruits et intérêts, *depuis la prise de possession,* — ceux perçus et ceux à percevoir.

oblige l'héritier véritable

à *rembourser* à l'héritier apparent
- de bonne foi { *toutes les impenses,* même les impenses *voluptuaires ;*
- de mauvaise foi { les impenses *nécessaires,* les *frais légitimes,* les impenses *utiles,* jusqu'à la plus-value ;

à maintenir
- les actes *nécessaires* faits par l'héritier apparent (controv.) { actes conservatoires, paiements au possesseur de la créance, aliénations des meubles, aliénations forcées des immeubles, jugements rendus { en sa faveur ; contre lui ;
- non les *aliénations immobilières* { à titre gratuit, à titre onéreux (controv.).

CHAPITRE VI. — *Partage et Rapports* (Art. 815 à 892).

Section I. — *Partage* (Art. 815 à 842).

Le partage

est l'**acte** qui fait *cesser l'indivision* entre cohéritiers ;

peut être
- *toujours demandé,* nonobstant prohibitions contraires ;
- suspendu *pendant 5 ans au plus,* par *convention* renouvelable ;

peut être provoqué
- tant qu'il n'y a pas eu d'acte de partage définitif, même s'il y a un partage provisionnel ;
- tant que l'un des cohéritiers n'a pas prescrit, par 30 ans, toute l'hérédité ;
- par
  - les héritiers majeurs présents ;
  - les créanciers des héritiers (1166) ;
  - le prodigue, assisté de son conseil ;
  - le mineur émancipé, assisté de son curateur ;
  - le tuteur { des mineurs, des interdits, } avec le consentement du conseil de famille ;
  - le notaire représentant le présumé absent les envoyés en possession provisoire { si la succession est ouverte avant la disparition ;
  - le mari { seul, pour les biens de la communauté ; avec le concours de sa femme, pour les autres biens ;
  - la femme seule, pour les meubles dont elle a l'administration, (si le partage est fait à l'amiable).

doit être demandé contre
- tous les cohéritiers ;
- le tuteur des mineurs et interdits, autorisé ou non ;
- le mineur émancipé assisté de son curateur ;
- le notaire du présumé absent, et les envoyés provisoires ;
- le tuteur spécial des mineurs ayant des intérêts opposés ;
- le mari { seul, pour les biens de la communauté ; avec sa femme, pour les autres biens.

a lieu
- *amiablement*
  - lorsque tous les cohéritiers sont { présents, majeurs, capables, et d'accord ;
  - sans aucune forme spéciale ;
  - sans scellés, même sans écrit (controv.) ;
- *judiciairement*
  - si l'un des héritiers refuse le partage amiable } selon les formes
  - s'il y a des non-présents, ou des absents } du code civil ;
  - s'il y a des mineurs ou des interdits, selon la loi du 12 juin 1816.

Formes du partage judiciaire entre héritiers majeurs ou absents

apposition des *scellés*
- nécessaire { s'il y a des *non-présents,* ou des *absents ;* si le défunt était *dépositaire public ;*
- à la requête
  - des *héritiers majeurs* [ou mineurs], ou de *leurs créanciers* (1166) ;
  - des *créanciers de la succession* { munis d'un titre exécutoire ; avec permission du juge { président du tribunal ; juge de paix ;
  - des *personnes demeurant* avec le défunt, dans certains cas (909, 910 Pr. c.) ;
  - du *ministère public ;*
- même d'*office* par le juge de paix du canton de l'ouverture ;

tous créanciers peuvent s'opposer à la levée des scellés hors de leur présence ;

levée des scellés, et *inventaire ;*

demande portée devant le tribunal de l'ouverture { instruite selon les règles ordinaires (966 et s. Pr. c.) ; juge-commissaire, notaire, experts, } nommés, s'il y a lieu ;

estimation
- des *meubles,* à juste prix et sans crue, (si elle n'a pas eu lieu dans l'inventaire) ;
- des *immeubles,* par experts nommés par les parties ou d'office ;

vente des meubles { s'il y a des créanciers opposants *non désintéressés ;* si la *majorité* des cohéritiers le demande ;

licitation des immeubles non commodément partageables ;

renvoi devant le notaire désigné, pour procéder
- aux *comptes* entre copartageants ;
- aux *rapports* des dons et des sommes dues ;
- aux *fournissements* à faire aux copartageants ;
- à la *formation de la masse* { meubles et immeubles, prix des biens vendus, rapports en nature ;
- à la *composition des lots* { selon le nombre de copartageants, ou de souches copartageantes ; par le cohéritier choisi, ou par experts ; formés d'objets de même nature ou valeur ; égalisés par des soultes en rentes ou en argent ;

jugement des contestations qui peuvent s'élever pendant le partage ;

clôture et *signature* du procès-verbal du notaire ;

homologation du partage par le tribunal ;

tirage au sort des lots ;

remise par le notaire { à chacun des intéressés, des *titres particuliers* de propriété ; à l'héritier choisi, des *titres communs* à toute l'hérédité.

Formes du partage (*suite*)

apposition des *scellés*, et *inventaire* avec estimation ;
vente des meubles ;

quand il y a des mineurs ou des interdits

lots formés { par le ministère d'un *notaire*, sous la surveillance du *juge de paix* du canton, en présence { des *tuteurs* et *subrogés tuteurs* ; des mineurs émancipés et leurs curateurs ;

lots adjugés à l'amiable, ou par la voie du sort ;

immeubles vendus au besoin { après *avis du conseil* de famille des mineurs, après *homologation* du tribunal, qui désigne un notaire, par-devant le *juge de paix*, en présence des *tuteurs* et *subrogés tuteurs* ;

les formalités sont prescrites à peine de nullité.

Retrait successoral

droit pour chaque héritier *d'écarter du partage*, moyennant remboursement du *prix de la cession*, tout *cessionnaire* d'un cohéritier, qui n'est pas lui-même successible.

est exercé { contre *tout cessionnaire de droits successifs*, non successible lui-même, c'est-à-dire non appelé à la succession ; contre le cessionnaire, qui est un cohéritier *de la ligne opposée* (controv.) ; non contre le cessionnaire { d'une chose déterminée ; à titre gratuit ; par *tout copartageant* { héritier légitime, successeur irrégulier, successeur à titre universel, même ayant lui-même cédé ses droits ; non par les créanciers.

assure au retrayant la *préférence* sur les autres cohéritiers, dès qu'il a fait l'offre expresse de rembourser le prix de la cession ;

a lieu { jusqu'au partage, à la condition de rembourser { le *prix réel* de la cession, les *intérêts*, du jour du paiement, les *frais* et *loyaux coûts* ;

a pour effet { d'*écarter* le cessionnaire du *partage* ; de mettre le retrayant *au lieu et place* du cessionnaire ; de mettre les *avantages* et les *risques* du retrait *au compte du retrayant*.

SECTION II. — *Rapports* (ART. 843 à 869).

Le rapport

est la **réunion à la masse** de toutes les *libéralités* reçues du défunt par chaque copartageant;

est { *réel*, pour les donations entre-vifs ; *fictif*, pour les legs, puisque le légataire *laisse* le legs.

a pour but de *rétablir l'égalité* entre les copartageants,
à moins de dispense expresse du rapport.

diffère de la *réduction* { en ce qu'il appartient *à tous les cohéritiers*, et la réduction aux seuls réservataires ; en ce qu'il a lieu *contre les cohéritiers* seulement, et la réduction contre tous les donataires et légataires.

est dû
lorsque le *de cujus* a fait une libéralité à un successible, *sans dispense expresse*, et que le successible vient à la succession ;
par le successible *ab intestat* { venant à la succession, même non héritier présomptif lors de la donation, donataire ou légataire sans préciput ;
non par le successeur testamentaire ;
par le *fils du donataire*, venant *par représentation* à la succession du donateur ;
pour *moitié* par le *conjoint successible*, si le don a été fait aux deux époux conjointement ;
par le *donataire, venant par représentation* à la succession du donateur.

n'est pas dû
par le successible *dispensé* du rapport { *expressément*, dans l'acte de donation, ou dans le testament; dans un acte postérieur en même forme ;
sauf pour *ce qui dépasse la quotité disponible ;*
par l'héritier *renonçant* ou *indigne*, pour tout ce qui n'excède pas la quotité disponible;
par le *père* du donataire ;
par le *fils* du donataire, venant *de son chef* à la succession du donateur ;
par le *conjoint* du donataire ;
par la *fille*, pour la dot remise à son mari déjà insolvable ;
par le fils, pour la somme fournie pour l'exonération du service militaire *dans l'intérêt de la famille*, ou *sans qu'il en ait profité.*

peut être exigé { par les *cohéritiers* et les *cosuccesseurs* irréguliers ; par leurs *créanciers* (1166); par les créanciers de la succession acceptée purement et simplement; (ils sont devenus créanciers personnels des héritiers).

ne peut être exigé { par les *légataires*, par les *créanciers de la succession*, non acceptée purement et simplement, sauf en ce qui concerne les dettes dues par l'héritier.

concerne
les *dons* faits directement, *sans clause expresse de préciput*, même manuels et rémunératoires ;
la portion des dons faits hors part, *dépassant la quotité disponible;*
les sommes dépensées { pour *l'établissement* d'un cohéritier, pour *l'exonération* du service militaire, pour *le paiement* des dettes d'un cohéritier ;
les donations déguisées { sous forme de contrat à titre onéreux ; par personnes interposées ;
les *avantages indirects :* { *renonciation* { à une succession; à une donation, etc.; *remise* d'une dette; reconnaissance d'une somme *plus forte* que celle due; *améliorations* aux immeubles; *profits des associations* faites sans fraude, si les conditions *ne sont pas réglées* par acte authentique; *profits des conventions* présentant des avantages indirects; *excédent sur la quotité disponible* de la valeur en pleine propriété des biens aliénés à fonds perdu (918 C.);
les *dettes* dues par l'héritier au défunt { même en cas de renonciation à la succession; même à la demande des créanciers et légataires; non si elles étaient annulables ;
les *legs non dispensés* du rapport { ils doivent être *laissés*, si le rapport se fait *en nature;* ils peuvent être *réclamés*, sauf à les précompter sur la part héréditaire, si le rapport est *en moins prenant.*

Le rapport

ne concerne pas

les frais de *remplacement militaire* { faits dans l'*intérêt* de la famille ; dont le fils n'a pas *profité ;*

les *profits* retirés de *conventions* ne présentant *aucun avantage* indirect ;

les frais { de *nourriture*, d'*entretien*, d'*éducation*, d'*apprentissage*, d'*équipement* (ordinaires), de *noces* et *présents d'usage ;*

les *profits des associations* faites sans fraude, si les conditions *ont été réglées* par acte authentique ;

les *fruits* et *intérêts* des choses sujettes à rapport ;

les *arrérages* des rentes perpétuelles et viagères, pensions annuelles, etc. ;

l'immeuble qui a péri *par cas fortuit ;*

la *valeur* en pleine propriété des biens aliénés à fonds perdu, *ne dépassant pas la quotité disponible* (918 C.).

en nature

pour les *immeubles non aliénés,*
 lorsqu'il n'y en a pas de même nature et valeur dans la succession ;

pour la *portion excédant la quotité disponible,*
 lorsque le retranchement est possible ;

pour la *totalité,* si le retranchement est impossible,
 et si l'excédent est *de plus de la moitié* de la valeur de l'immeuble ;

francs et quittes de toutes charges créées par le donataire,
 sauf le droit des créanciers hypothécaires d'intervenir au partage ;

avec *indemnité pour dégradations* provenant du fait de l'héritier.

a lieu

en moins prenant (par prélèvements)

pour les *immeubles*

au gré de l'héritier {
quand il y a dans la succession des immeubles *de même nature et valeur* (valeur lors du partage) ;
quand l'*excédent* sur la quotité disponible, qui doit être rapporté, est *moindre que la moitié* de l'immeuble ;
quand le *testateur l'a permis ;*

obligatoirement {
si l'immeuble *a été aliéné* { forcément (*valeur reçue*) ; volontairement (*valeur lors de l'ouverture*) ;
si l'immeuble *a péri* par la faute du donataire (*valeur lors de l'ouverture*) ;
si le défunt *l'a stipulé expressément.*

pour les *meubles*

d'après leur *valeur lors de la donation* { dans l'état estimatif joint ; à dire d'experts ;

dans les *objets de même nature,* autant que possible ;

pour l'argent { d'abord dans le *numéraire,* puis dans le *mobilier,* au besoin dans les *immeubles ;*

les *créances* et *valeurs* sont comprises dans les meubles (controv.).

sous déduction des impenses {
nécessaires, avec les intérêts du jour de l'ouverture ;
utiles, jusqu'à la concurrence de la plus-value lors du partage ;
non *voluptuaires* ni *d'entretien.*

SECTION III. — *Dettes et Séparation des patrimoines* (ART. 870 à 882).

Passif — *dettes,* ou obligations contractées *par le défunt ;*
— *charges* — obligations naissant *après la mort* — frais funéraires, frais de scellés, etc.; quelquefois aussi *legs.*

Les dettes

se divisent *de plein droit* entre les héritiers *au jour de l'ouverture* de la succession ;

doivent être supportées — par les *héritiers légitimes* — par les *légataires* et *donataires universels ayant la saisine* (controv.) — même *ultra vires,* à moins d'acceptation sous bén. d'inventaire; — par les *successeurs irréguliers* — par les *légataires* et *donataires universels* (n'ayant pas *la saisine*) — jusqu'à *concurrence des biens recueillis* (controv.); — par les *légataires à titre universel* — non par les légataires particuliers.

peuvent être réclamées — *personnellement,* aux *héritiers saisis,* à proportion de leur *part héréditaire* (controv.), sauf recours proportionnel contre les successeurs universels et à titre universel ; — *hypothécairement* pour *le tout* — à l'*héritier* ou au *successeur* à titre universel, sauf recours proportionnel contre cohéritiers et successeurs ; — à *tout autre détenteur* de l'immeuble hypothéqué ; — même au légataire particulier, sauf recours pour le tout ; — aux *successeurs non saisis,* à défaut d'héritiers saisis, à proportion de ce qu'ils recueillent, sauf recours, s'il y a lieu.

L'*insolvabilité* d'un héritier ou successeur retombe *exclusivement* sur les créanciers de la succession.

Les créanciers du défunt peuvent

poursuivre — *pour le tout* — le détenteur d'un immeuble hypothéqué — chaque successeur, quand la dette est indivisible — l'héritier chargé du paiement total — sauf recours contre les autres héritiers, proportionnellement à leur part contributoire ; — pour une *part virile,* l'ascendant donateur (controv.); — en vertu d'un *titre exécutoire* — les héritiers, moyennant *signification* 8 jours à l'avance ; — les successeurs, moyennant l'obtention d'un *nouveau titre ;* — pour une *part héréditaire obligatoire,* sauf recours, tout héritier ou successeur saisi ; — pour une *part proportionnelle contributoire,* tout successeur non saisi.

saisir les biens de la succession, même en cas de bénéfice d'inventaire (controv.).

demander la séparation des patrimoines — pour empêcher les créanciers personnels de l'héritier de *concourir avec eux* dans l'avoir du défunt ; — conjointement avec les légataires ; — *contre tout créancier de l'héritier ;* — pour les *meubles,* pendant 3 *ans* — s'ils *existent encore* chez l'héritier, — s'ils ne sont *pas confondus* dans son patrimoine ; — pour les *immeubles,* pendant 30 *ans* — s'ils n'ont *pas été aliénés,* — si leur identité peut être établie, — si *inscription a été prise* dans les *six mois ;* — s'ils n'y ont *pas renoncé* — *expressément ;* — *tacitement,* par l'acceptation de l'héritier pour débiteur ; — si leur *droit n'est pas perdu* — par la *prescription* — de 30 ans, pour les immeubles ; — de 3 ans, pour les meubles ; — par l'*aliénation* des biens ; — par la *confusion* des deux patrimoines ; — par le *défaut d'inscription, dans les six mois* de l'ouverture, sur les immeubles de la succession (39 loi 16 déc. 1851); — jusqu'*à concurrence du montant* de leurs créances, et *sans préférence* entre eux ; — tout en conservant, pour le surplus, *leurs droits sur le patrimoine de l'héritier,* conjointement avec ses créanciers.

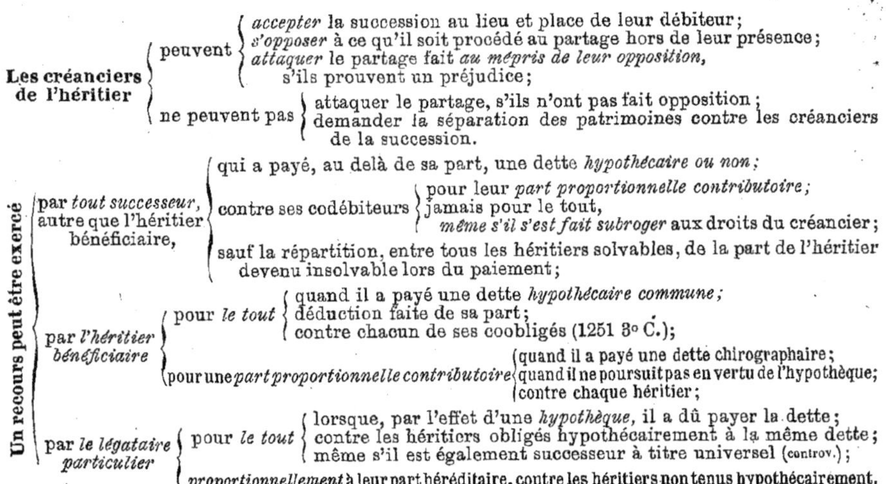

Les créanciers de l'héritier

peuvent
- *accepter* la succession au lieu et place de leur débiteur ;
- *s'opposer* à ce qu'il soit procédé au partage hors de leur présence ;
- *attaquer* le partage fait *au mépris de leur opposition,* s'ils prouvent un préjudice ;

ne peuvent pas
- attaquer le partage, s'ils n'ont pas fait opposition ;
- demander la séparation des patrimoines contre les créanciers de la succession.

Un recours peut être exercé

par *tout successeur,* autre que l'héritier bénéficiaire,
- qui a payé, au delà de sa part, une dette *hypothécaire ou non ;*
- contre ses codébiteurs
  - pour leur *part proportionnelle contributoire ;*
  - jamais pour le tout, *même s'il s'est fait subroger* aux droits du créancier ;
- sauf la répartition, entre tous les héritiers solvables, de la part de l'héritier devenu insolvable lors du paiement ;

par *l'héritier bénéficiaire*
- pour *le tout*
  - quand il a payé une dette *hypothécaire commune ;*
  - déduction faite de sa part ;
  - contre chacun de ses coobligés (1251 3° C.) ;
- pour une *part proportionnelle contributoire*
  - quand il a payé une dette chirographaire ;
  - quand il ne poursuit pas en vertu de l'hypothèque ;
  - contre chaque héritier ;

par *le légataire particulier*
- pour *le tout*
  - lorsque, par l'effet d'une *hypothèque,* il a dû payer la dette ;
  - contre les héritiers obligés hypothécairement à la même dette ;
  - même s'il est également successeur à titre universel (controv.) ;
- *proportionnellement* à leur part héréditaire, contre les héritiers non tenus hypothécairement.

SECTION IV. — *Effets du partage* (ART. 883 à 886).

Le partage

- **fait cesser** l'*indivision* entre cohéritiers;
- **est déclaratif de propriété**
  - chaque cohéritier est censé avoir succédé
    - *seul et immédiatement,*
    - à tous les effets compris dans son lot
      - *meubles,*
      - *immeubles,*
      - même *créances* (controv.);
  - cet effet s'applique
    - *à tout acte faisant cesser* l'indivision;
    - même à la *licitation*
      - si l'immeuble est adjugé *à un cohéritier;*
      - non s'il est adjugé
        - à un tiers;
        - à plusieurs cohéritiers;
    - non à la cession faite
      - à plusieurs cohéritiers;
      - à titre gratuit;
  - tous les droits réels consentis
    - par le *propriétaire*, subsistent;
    - par les *autres cohéritiers*, sont résolus;
    - sur les immeubles échus *à des tiers*, subsistent.
- **rend les copartageants garants de plein droit,** les uns envers les autres,
  - des *troubles* / des *évictions*
    - de droit, non de fait;
    - procédant
      - d'une cause *antérieure* au partage;
      - non de la faute du cohéritier;
  - de l'*existence des créances* / de la *solvabilité du débiteur* } au jour du partage.
  - **Cette garantie**
    - est *réclamée*
      - par *action principale* en dommages-intérêts, contre chaque héritier pour sa part héréditaire;
      - par *action incidente;*
    - *ne peut être exclue* par une *clause générale* de l'acte de partage;
    - *n'est pas due*
      - pour éviction { *prévue,* exceptée par une *clause spéciale;*
      - s'il y a *faute* du cohéritier;
      - pour *insolvabilité du débiteur* de la créance, depuis le partage;
      - après 30 *ans;*
      - après 5 *ans,* en matière de *rente.*

SECTION V. — *Rescision* (ART. 887 à 892).

L'action en rescision

peut avoir pour cause
- la *violence*,
- le *dol*, non l'erreur seule,
- l'*incapacité* des parties (1304 C.),
- un *vice de forme*, quand la forme est obligatoire,
- la *lésion de plus du quart*, calculée d'après la valeur lors du partage,
  à moins que le cohéritier lésé ne reçoive le supplément de sa part.

est admise

contre tout acte
- ayant pour but de *faire cesser l'indivision;*
- quelle que soit sa qualification { vente, échange, transaction, etc.;
- même ne comprenant qu'une partie des biens;
- même fait *à l'amiable;*

non contre
- une donation de sa part, faite par un cohéritier;
- une transaction sur les difficultés réelles du partage;
- une vente de droit successif, faite à l'un des cohéritiers.

est intentée
- *par le cohéritier*, ou par ses héritiers;
- *contre tous* les copartageants.

a pour effet
- de *rétablir l'indivision*, et de rendre un nouveau partage nécessaire;
- d'*obliger* les cohéritiers *à rapporter* ce qu'ils ont reçu, avec les fruits et intérêts;
- d'*anéantir les droits réels* et les aliénations consentis par les cohéritiers,
  sauf si les immeubles sont attribués de nouveau aux mêmes copartageants.

s'éteint

dans tous les cas
- par *prescription de 10 ans*, à dater { de la cessation de la violence; de la découverte du dol; de la fin de l'incapacité (1304); du partage, en cas de lésion;
- par *ratification* expresse ou tacite;
- par *renonciation;*

en cas de *dol*
en cas de *violence*
- par l'*aliénation* que fait le cohéritier de tout ou partie de son lot, depuis la découverte du dol ou la cessation de la violence;

en cas de *lésion*
- par l'offre, faite au demandeur, du *supplément* de sa part héréditaire.

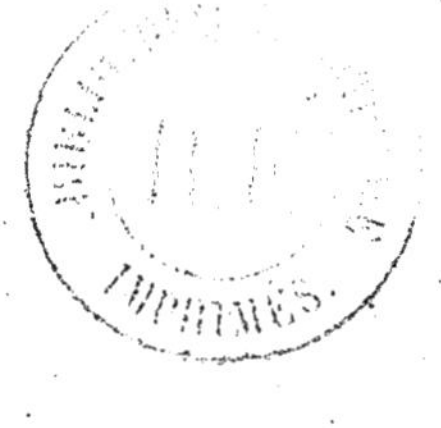

www.ingramcontent.com/pod-product-compliance
Lightning Source LLC
Chambersburg PA
CBHW051634060726
47597CB00004B/1575